事前諸葛亮，事後豬一樣

真是好笑

輕鬆生活館系列 37

事前諸葛亮，事後豬一樣：真是好笑

編著　龍飛
出版者　大拓文化事業有限公司
責任編輯　賴美君
美術編輯　林鈺恆
內文排版　鄭孝儀

總經銷　永續圖書有限公司
劃撥帳號　18669219
地址　22103 新北市汐止區大同路三段一九十四號九樓之一
TEL　（〇二）八六四七—三六六三
FAX　（〇二）八六四七—三六六〇
E-mail　yungjiuh@ms45.hinet.net
網址　www.foreverbooks.com.tw

法律顧問　方圓法律事務所　涂成樞律師

出版日◇二〇二〇年十月

國家圖書館出版品預行編目資料

事前諸葛亮，事後豬一樣：真是好笑
/ 龍飛編著. -- 二版.
-- 新北市 : 大拓文化, 民109.10
面 ;　公分. -- (輕鬆生活館系列 ; 37)
ISBN 978-986-411-126-8(平裝)
1.人生哲學 2.修身 3.通俗作品
191.9　　109013865

事前諸葛亮，事後豬一樣

事前諸葛亮，事後豬一樣

事前諸葛亮，事後豬一樣

生日禮物

約翰不知該送什麼東西給他的同齡女友當生日禮物。

於是，他問祖母說：「祖母，若明天是妳的十六歲生日，妳最想要什麼？」

祖母很快樂地回答：「我什麼東西都不要了。」

孩子的心中希望快快長大，老人的眼中希望時光倒流。

優質美男子

一家美國雜誌社舉辦了一個優質美男子選拔活動。不久，編輯部收到了這樣一封來信：

「得悉貴刊預舉行優質美男子選拔活動，考慮再三，我想，我應該是最佳人選。事實如下：我不喝酒；不抽菸；對自己的妻子絕對忠誠，對別的女人看都不看一眼；不看電影，也不看電視，我睡得很早，起得很早；每到星期日，我總想去教堂祈禱……還有，就是再一年我就可以出獄了……」

大智慧

行為不一定就是品性的真正表現。心甘情願的行為才是可信的。被約束而不得不做的行為恰恰反映了與這種行為相反的本質。

旅客與司機

一位旅客問計程車司機：

「請問，從這裡到凡爾賽要多少錢？」

「四十法郎，先生。」

「太貴了！我們倆換個位置怎麼樣？我來開車，我只收你二十法郎。」

大智慧

很多時候我們必須問問自己到底是誰。

零比零

一場足球比賽只剩一分鐘就要結束了，一位觀眾匆匆趕到看台。他問鄰座的觀眾說：「現在比數是多少？」

「零比零。」

「太好了！一點也沒耽誤。」

大智慧

如果看重的只是結果，對我們而言，還有什麼事情是曾經發生過的呢？

保養意見

一天，有個上班族將汽車開到維修廠後，對維修人員說：「我的汽車每次轉彎時都會發出『叩』的聲音，請你檢查一下，下班後我來取車。」說完便匆匆走了。

傍晚，那個上班族來取車時，拿到了一張維修清單，上面列印著：修理費〇元。保養意見：請勿將保齡球放置於車尾置物箱內。

正確的東西要放在正確的位置，才能展現出它的價值。

不會失業

有一個人這樣說：「如果把所有的男人放在某一個島上，所有的女人都放在另一個島上，就會解決失業問題。」

「為什麼？」

「因為人人都忙著造船，沒有一個人會有空閒。」

大智慧

人做事的動力有許多時候都是源自於潛意識裡的強烈慾望，善於利用自己合理的慾望，會使你時刻充滿信心與希望。

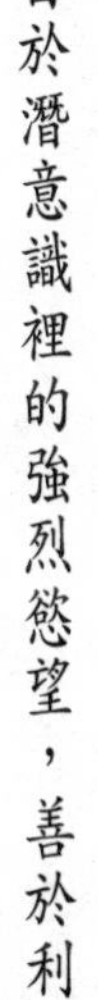

退席

「昨天的午餐，您為什麼中途離去了呢？」
「那是因為湯像酒一樣冷；酒跟魚一樣淡而無味，而魚跟午宴的主人一樣瘦小。」

大智慧

人生的味道何嘗不是如此，該甜的時候就該像蜜，而該苦的時候就得如同黃蓮，絲毫不能混淆。

哭泣的丈夫

三個人死後進入天國。當他們到達時，聖彼得問第一個人，生前是否忠於他的妻子。此人承認做錯了兩件事。聖彼得說他只能得到一輛小型轎車。然後聖彼得又問第二個人是否忠於自己的妻子，第二個人承認做錯了一件事。

聖彼得說他可以得到一輛中型轎車。第三個告訴聖彼得，直到死他都一直忠於妻子。聖彼得誇獎了他並贈給一輛豪華轎車。

一星期後，三個人開著車外出碰上紅燈，他們全停下來。坐在小型車和中型車的兩個人看到豪華車上的人正在哭，於是就問他：「你有了那麼好的車，還哭什麼？」

那人說：「我剛看到我妻子，她踩著一輛小滑板車。」

大智慧 有時候，瞭解事情的真相並不一定會更快樂，也許「難得糊塗」會更好些吧！

掉頭髮

「大夫，我老是掉頭髮，您說是怎麼回事？」

「一般情況，這是因為病人焦慮過度引起的。您說說看，目前您最煩惱什麼問題呢？」

「我最煩惱，我的頭髮掉的太厲害。」

焦慮的可怕之處在於它帶給人一種壞情緒的惡性循環，要知道，焦慮唯一的能耐就是讓人更加焦慮，心情更加鬱悶。

公證結婚

小蔡：「您好，我想預約明天去辦公證結婚。」

小劉：「好的，婚前檢查你們做過了嗎？」

小蔡：「檢查過了，她爸爸有一家公司，住別墅、有佣人、有車子。」

小劉：「先生，我是說去醫院檢查。」

小蔡：「哦……（猶豫），不好意思也檢查過了，是個男孩子。」

「存在的就是合理的」，對於多元化現實的社會裡，也許我們應該更加寬容看待身邊的事情。

不論朝代

兒子：「爸爸，張飛與岳飛比武，誰會打贏？」

爸爸：「當然是張飛。」

媽媽：「張飛與岳飛不在同一個朝代，怎麼打得起來？」

哥哥：「都要打起來了還管他什麼朝代！」

大智慧

理論上我們可以有無限自由的想像空間，但是現實永遠約束著幻想。所以，憑空幻想若作為一種無大意義的心情快慰，倒也無可厚非。不過，我們永遠是活在伸手可觸的現實人間！

持家有道

一天晚上我到美術館去看畫展，當我正在欣賞一幅由一些繩子、火車票、鐵絲網、相片和一個破車輪拼貼而成的抽象畫時，我聽見旁邊一個婦女低聲對另一個婦女說：「這足以證明，永遠不要扔掉任何東西。」

大智慧

生活其實是很緊湊和精緻的，沒有什麼是無用之物，只要我們多留意去發掘和利用、創造，垃圾其實就是寶物！

幽默的美國人

律師的太太對丈夫說：「我們的房子和傢俱的樣式都太老舊了，該重新裝修一下了。」

律師：「親愛的別急，我剛好接了一件離婚案，男方是個有錢的大亨。等我拆散了他們家，就來裝修我們家。」

如果法律成為某些人用以獲取利益工具的時候，它的危害性就會超過普通的一般犯罪。

離婚的原因

「妳為什麼要求離婚？」法官問道。

「因為我的丈夫又浪漫又多情。」原告說。

「許多女性都渴望能有這樣一位丈夫。」

「是的，」這位婦女反譏道：「這就是我為什麼要離婚的原因。」

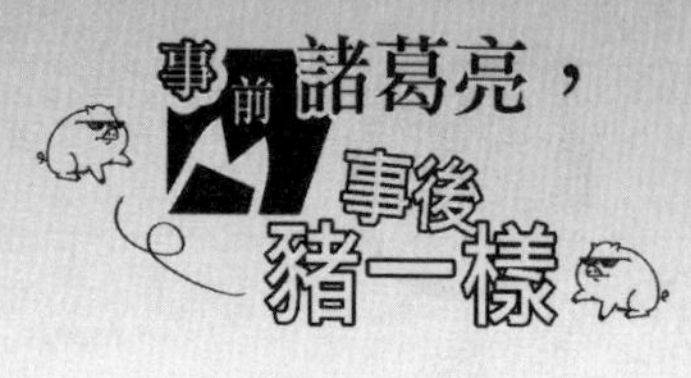

大智慧

每個人都在尋找自己完美的愛情和婚姻。其實，很多人都知道，並不是好的就會適合妳，而是適合的才是好的。不屬於自己的東西，強行得到了也守不住。因此，我們需要問自己的是，到底自己要的是什麼，明白了自己的需求，才可能幸福。

自嘲

富蘭克林想做一個實驗：用電流電死一隻火雞。不料接通電源後，電流竟通過了他自己的身體，將他擊昏過去。

醒來後，富蘭克林說：「好傢伙，我本想弄死一隻火雞，結果卻差點電死一個傻瓜。」

樂觀是一種能力，能夠在任何環境中保持一顆快樂的心，便能夠更有把握地邁向成功！

精神病

病人：「大夫，我的鄰居們都認為我有精神病。因為我特別喜歡火腿。」

醫生；「別胡鬧啦！我也喜歡火腿。」

病人：「是嗎？那您什麼時候有空，請來我家，我讓您看看我的收藏。」

喜歡一樣東西沒有錯，錯的是喜歡的方式和程度是否符合正常人所能接受的限度。

回報

一群愛開玩笑的人經常在同一家餐廳裡吃飯，他們總愛和服務生開玩笑。他們時而把水倒掉，卻說服務生沒送水來；時而把餐巾藏起來……等等。每一回他們都能想出新的花樣，但服務生從不抱怨他們的這些行為。

有一天，他們吃完飯，給了服務生一筆可觀的小費，並且對他說：

「你是個好人，我們多次開你的玩笑你也不生氣，從今天起我們再也不會這樣做了。」

「謝謝。」服務生說：「那我再也不會往你們的咖啡裡摻鞋油了！」

大智慧

佛家說：「與人為善，善莫大焉。」凡事情都會有因果，不過是有些回報來的早，有些回報來的晚罷了。

酒鬼聊天

兩個愛爾蘭人坐在一間酒吧裡喝酒。其中一人問另外一人：「你是哪兒的人？」

另一人回答：「我目前住在此地，都柏林，不過我生在科克郡。」

「不是開玩笑吧？我也是生在科克郡，現在也住在都柏林……我們為此來乾一杯吧！你生在科克郡什麼地方？」

另外一人答道：「我是在我媽的娘家家裡生出來的，門前有一條小河從薩克村南邊流過。」

「上帝保佑」第一個人叫道：「你相信嗎？我也生在我媽的娘家家裡，也離薩克村不遠。為了我們的巧合，來，我們再乾一杯。那麼你是在哪個學校上學呢？」

「我上的學校是在鎮上的聖母受難學校。」另一人答道。這時第一個人已經興奮得不能自己，他大聲叫了起來：「天啊，太不可思議了，我也是在那個學校上學的，這個世界真是太小了。老闆，再給我們每個人來上一杯。」

這時，酒吧裡的電話鈴響了，老闆接電話：「克蘭酒吧……噢，今天晚上沒有什麼新鮮事，就是奧哈拉家的那對雙胞胎又喝多了。」

大智慧

有時候生活中總會出現不可思議的事情，我們不必奇怪，也許天上飛來的飛碟就是哪個酒鬼給我們開的玩笑。

會講英語

一個德國搶劫犯被帶到法庭，法官問他是否會講英語，年輕人答道：「會一點點。」

「你會講什麼？」

「把所有的錢通通交出來。」

大智慧

學習任何事物的動力都來自於我們的需要。那些迫在眉睫的需要，往往最能讓我們牢牢地記住它的技巧。

弄巧成拙

晚宴上，約翰的女祕書喝醉了，約翰只好開車送她回家。回到自己的家後，約翰怕妻子不理解，沒將這事告訴妻子。

第二天下午，約翰開車陪妻子去看電影，突然間，他發現妻子腳邊有一隻女人皮鞋，他趁妻子眼睛看車窗外的一瞬間，撿起那隻皮鞋將它扔到窗外，這才鬆了一口氣。

不料，此時妻子轉過頭來，用腳碰了碰約翰，問道：「約翰，你看到我的另一隻鞋子了嗎？」

大智慧

世上本來就沒有鬼，如果有鬼，也是在你的心中。

房子的優點

出售不動產的經紀人說：「這幢房子有優點也有缺點。我先講有哪些缺點，第一、西邊緊臨畜牧場，北邊是橡膠工廠，東邊的兩個區是灌溉區，南面正對著釀醋廠。」

「那優點是什麼呢？」滿臉疑惑的買主對此十分感興趣。

「您任何時候都能斷定，刮的是什麼風。」

大智慧

好壞之分大多是由人的心態來評定，因為每個人看待事物的心態並不全然相同。

到底誰無聊

甲：「世界上就是有那麼無聊的人……」

乙：「為什麼這麼說？」

甲：「有一個人從早上八點鐘開始釣魚，一直到下午四點，一條魚也沒釣到……你說無聊不無聊？」

乙：「真夠無聊的……，可是你是怎麼知道的？」

甲：「因為我從頭一直看到他走。」

大智慧

只有真正無所事事的人，才會發現別人的無所事事。

已經瘋了

在澳洲有兩頭牛正在吃草。

其中一頭牛說：「最近流行狂牛病，我們不會被傳染上吧？」

另一頭牛說：「怎麼會呢？我們是袋鼠啊！」

最可怕的事實莫過於我們發現了周圍的一切，只剩下自己一個人時。有時候，孤單的無奈並不一定從外表上看得出來，當你站在人群中，身邊卻沒有任何一個熟悉人的時候，才終於發現即使是兩個人的爭吵也勝過這種孤單的無奈。

水蜜桃

有一天，五歲的小惠望著姑姑的臉說：「姑姑，妳的臉好像水蜜桃喲！」姑姑高興地抱著她左親右親，並問：「是怎麼像的？」小侄女天真地回答：「上面都有細細的毛。」

童言無忌，最是開心；當我們羨慕孩子們無憂無慮的時候，是否也該為自己的心靈做一次洗滌，讓它透明一點，就像孩子們那天真無邪清澈的大眼睛！

幸好不是

有一次我跟著一個卡車司機跑長途。

途經一個小村莊時，有一位中年農婦突然跑著橫越馬路，大卡車來了個急煞車，差點撞著農婦的屁股。

農婦火冒三丈，對司機沒完沒了地臭罵一頓。

司機不還嘴，點燃一支菸，慢慢地吸著，聽農婦從「村罵」上升到「國罵」。一支菸吸完，農婦還在罵，司機火了：「如果我剛才煞車晚了，撞死了妳，這會兒妳還能罵嗎？」

大智慧

生活，是很需要一些開朗和豁達的。我們應該像契訶夫所說的那樣：「要是你的手指扎到一根刺，那你應當高興：還好，幸好這根刺不是扎在眼睛裡」這樣，當我們遇上一些麻煩時，也就不至於愁容滿面了。

裸體畫

一位夫人到畫商那裡去，想買一幅人物畫，她挑來挑去，總是不滿意，她對畫商說：「畫家畫的女人，為什麼都是裸體的？」

畫商說：「穿了衣服就不方便了，因為過了幾個月，這服裝款式可能就不流行了。」

大智慧

「以不變應萬變」是條永不過時的法則，尤其是面對無知的人。

湯不燙

一位新來的服務生來到某飯店上班，林德曼先生向來就在那飯店用午餐。

就在頭一天，林德曼先生對這位服務生的服務態度十分生氣。

「服務生先生，」他喊道：「您的大拇指伸進湯裡了！」

「不要緊，先生！」服務生解釋說：「這湯一點也不燙。」

大智慧

別人對你的合理要求，可能在很多的時候並不是那麼明顯，但這並不代表著我們就可以忽略這種要求，甚至將它合理化。

一時說不上來

「馬克，休假期間你都去了哪些地方？」

「一時說不上來，因為照片還沒沖洗出來。」

大智慧

過去應該是留在你的記憶中，而不是留在別的地方。

車輪

「昨天，我把車開得飛快，時速達到一百二十公里，當場把一個輪胎給甩了出去。」

「哎呀！您沒受傷吧！」

「沒有。因為，飛走的是備胎。」

大智慧

生命永遠沒有備用，它是你人生中唯一的一顆棋子。

足智多謀

艾力克斯質問他的女朋友：「這麼說，妳是不願意嫁給我了？」

「是的，我的丈夫必須要勇敢，並且足智多謀。」

「可是妳難道忘了嗎？上次妳落水的時候還是我把妳救起來的呢！」

「你確實勇敢，不過這並不意味著你是個足智多謀的人。」

「好吧！那妳知道是誰弄翻那條船的嗎？」

大智慧

智慧並不牴觸勇敢，但勇敢若缺少了智慧的支撐，那就只能稱得上是莽夫。

邀請

星期一的早上，格娜茲什克太太將她三歲的小兒子送到幼稚園，然後就出外買東西去了。

在超級市場，她碰見了鄰居派費薩克太太。

「您今天晚上有時間嗎？」格娜茲什克太太問。

「有。」派費薩克太太答道。

「明天下午呢？」

「也有。」

「那麼後天呢？」

「可惜沒有時間，後天我們家有客來訪。」

「多麼遺憾！」格娜茲什克太太說：「我真心想邀請您，後天來我家喝茶呢！」

與其對他人表示你虛假的真心，倒不如不去表示。否則，別人將會用「虛假」兩個字來為你定位。

看戲

從前，有一個瞎子、一個聾子、一個跛子，三個人一塊去看戲。三個人一邊看戲，還一邊評論戲演得好壞。瞎子說：「今天的戲，唱得很好，不過行頭不好。」

聾子說：「是你看不見，其實行頭很好，可惜唱的聲音太小了。」

跛子接過來說：「你們倆說的都不對，其實今天的戲唱得不錯，行頭也好，可惜就是戲台搭歪了。」

世界只有一個，但每個人所感覺到的世界卻千差萬別。

觀畫

一位畫家舉辦個人畫展。一位貴婦人來到展覽室，站在一幅畫前面端詳了許久，她說：「我要是能認識這幅畫的作者，那有多好啊！」

站在一旁的畫家走過來說：「夫人，我就是作者。」

貴婦人說：「這幅畫太妙了！你能否告訴我，幫畫裡這位小姐做裙子的裁縫師是誰？」

大智慧

我們常說藝術是與一般人絕緣的，因為一般人很難去欣賞及理解藝術本身的深奧，其實藝術的目的是給人帶來享受。我認為，不一定是理解了藝術本身才有享受。而享受的本身是沒有區別的。

顧客永遠是對的

商店的經理正在斥責他的一個售貨員。

「我看見你在和一位顧客爭吵，」他非常惱火地說。「你不記得了，在我的店裡顧客永遠是對的」。你懂了嗎？

「是的，先生，」售貨員說。「顧客永遠是對的。」

「那你剛才為什麼和他爭論？」

「噢，先生，他說您是個白癡。」

顧客是上帝；永遠是經營者的信條。

完美

有一個男人，他一輩子單身，因為他在尋找一個完美的女人。當他七十歲的時候，有人問他：「你一直到處旅行，從喀布爾到加德滿都，從加德滿都到果阿，從果阿到普那，你始終在尋找，難道你沒能找到一個完美的女人？甚至連一個也沒找到嗎？」

那老人變得非常悲傷，他說：「是的，有一次我碰到了一個完美的女人。」

那個發問者說：「那麼發生了什麼事？為什麼你們不結婚呢？」

他變得非常非常的傷心，他說：「怎麼辦呢?她正在尋找一個完美的男人。」

完美只能嚮往，卻不能當作現實的目標來追求，退一步想，缺憾何嘗不是一種美？

領帶的問題

某人在沙漠中行進了大半天，口渴得直冒煙。在他快要走出沙漠時，遇到了一位推銷員。後者勸他買一條領帶。

他說：「你行行好吧，我渴得連襯衣都想撕開了，還買什麼領帶！」推銷員討了個沒趣便走開了。

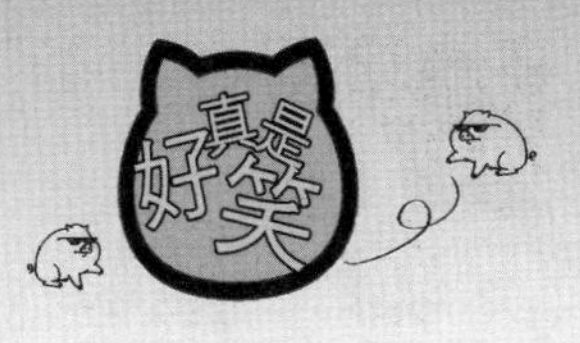

這個可憐人總算在沙漠邊上的一個小鎮上找到了一家酒吧，他急不可待地要衝進去。

於是他對門口的侍者說：「快給我點什麼喝的吧！」他的喉嚨都快枯啞了。「對不起，先生，不打領帶者是不許進入的。」這個侍者很有禮貌地拒絕了他的要求。

「什麼！……」

生活中我們都會遇到領帶的問題，不過不是這麼極端而已。短期效應和長期需求本身就是一個需要平衡的問題。其實，夏賣冬裝，冬賣空調，精明的商家一直在挖掘我們對未來的預期。

餵豬罰款

某縣一農民，天天餵豬吃冰水，結果被「動物保護協會」罰了一萬元，因為虐待動物。後來，農夫改餵豬吃天山雪蓮，結果又被「動物保護協會」罰了一萬元，因為浪費食物。

有一天，官員又來視察，問農民餵什麼給豬吃。

農民說：「我也不知道該餵什麼才好了，現在我每天給牠一百塊錢，讓牠自己出去吃。」

過多的約束總是適得其反，有時候，我們必須學會「適度」的掌握。

狼與灰鶴

狼吞進一塊骨頭，骨頭卡在喉嚨裡，嚥不下去。於是，狼去找灰鶴，對灰鶴說：

「你把我喉嚨裡的骨頭叼出來，我會報答你的。」

灰鶴把頭伸進狼的嘴裡，用長嘴叼出了骨頭後，對狼說：「你要如何報答我呢？」

狼說：「你剛才把頭伸進我的嘴裡，我沒有把你的頭咬下來，你還不滿足嗎？」

面對像狼一般的貪婪，也許我們真的應該慶幸自己，及時地意識到什麼是不該去相信的。

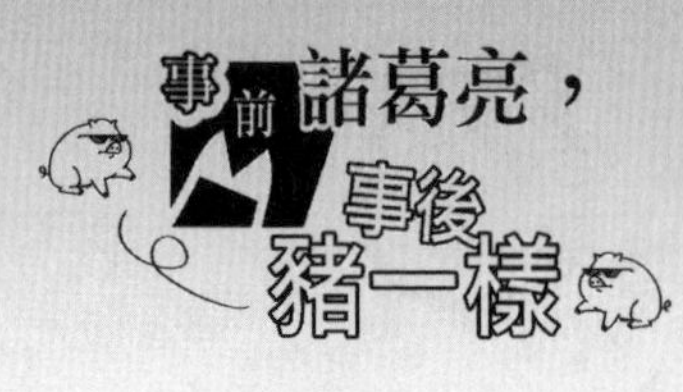

打賭

有個下士，因為好賭，上司便把他調走。他來到新的駐地報到，將原上司寫的字條交給了新上司。新上司見紙條寫著「此人好賭」幾個字，就問他；「你這樣好賭，賭什麼呀？」

下士說；「我什麼都賭，比如現在，我頭一次見到您，但我敢說您右臂下有塊胎痣。如果真的沒有，我輸您五百元。」

新上司聽了，連忙把上衣脫掉，舉起右臂，笑著對他說：「你仔細瞧瞧，我哪來胎痣?快拿錢來！」下士立即打開箱子，拿出五百元交給新上司。

當天，這位新上司見到了下士的原上司，得意洋洋地對他說：「你那個好賭的部下，一報到就被我治了一下，輸給我五百元哩！」

原上司沒好氣地答道；「你太自信啦，傻瓜！那賭鬼臨走時跟我打賭二千元，說一見到你，就要你打赤膊。哼，就是你害我輸掉二千元呀！」

從古至今，聰明的商人總是善於「捨小利，求大利」。由此想到，這位「吃小虧占大便宜」的下士還真是挺適合去做生意的。

頗有同感

有一位美國遊客到達目的地「羅馬假日」旅館後，正在付給計程車司機車費。

「從機場到這兒只有十多分鐘，但車費為何這麼貴?遊客不滿地抱怨道。」

「這根本不算貴，」司機不在乎地說：「我想你付得起。」

「這我知道，」美國人解釋道：「但我的妻子會為這件事跟我嘮叨個沒

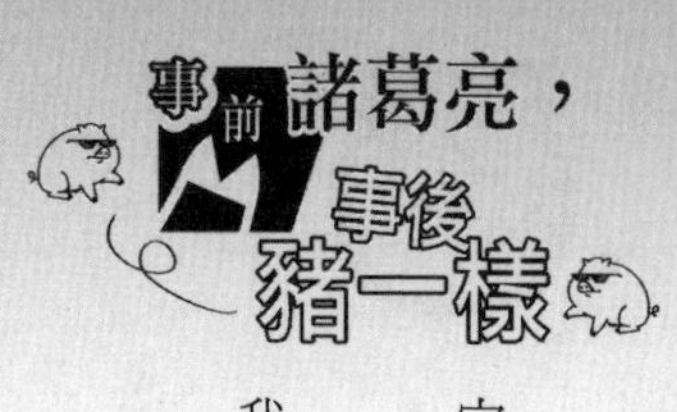

完，就像我是個罪人似的。你知道猶太女人的脾氣，是吧？」

計程車司機沒有搭話，沉默了一會兒後，他咬牙切齒地說道：「他媽的，我想義大利女人也一樣」

在某些方面，天下的太太都是一樣的。愛嘮叨的女人總是讓丈夫不舒服，這方面，天下的男人也都一樣。

減肥

書店裡，一位肥胖婦人問店員：「年輕人，有怎樣減肥的書賣嗎？」

店員掃視書架，取下《怎樣增加您的體重》一書遞了過去。

「哎呀，你這不是惡作劇吧？！」婦人火了。

「不，不，」店員認真解釋，「您把書本上說的方法反過來做，就會瘦下去了！」

逆向思維往往是大多數人所缺乏的東西，然而逆向思維卻又常常產生意想不到的效果。事物總有它的兩面性，就看你怎樣對待它。市場不要求你一定按常規出牌，在遵紀守法的大前提下，只有賣出貨物，賺取利潤才是王道。

獅子和牠的三個臣子

獅子把羊叫來，問牠：「你能不能聞到我嘴裡發出的臭味？」

羊說：「大王，我能聞到。」

獅子把實話實說的羊咬得血肉模糊。

接著，獅子又把狼召來，問牠同樣的問題，狼說：「大王，我聞不到。」

獅子把奉承阿諛的狼咬得鮮血淋漓。

最後，狐狸被召來了，獅子也問牠同樣的問題，狐狸看看周圍的情形，說：「大王，我患了感冒，什麼味也聞不到。」

作為下屬，如何了解你的上司是一門很大的學問。如果他坦誠，你要像羊一樣直言不諱；如果他虛偽，你要像狼一樣奉承阿諛；如果你對他的性格掌握不住，你要像狐狸一樣難得糊塗，因為模棱兩可的話總是可以讓人抓不著把柄。

聰明的毛驢

摩阿維亞國王到街上散步，在一個磨坊裡，他看到一頭小毛驢正拉著磨盤轉，脖子上還掛著一個作響的鈴鐺。

國王好奇地問磨坊主人：「你為什麼要在毛驢的脖子上掛一個鈴鐺呢？」

磨坊主人告訴他：「萬一我打瞌睡了，毛驢也不走了，牠脖子上的鈴鐺就不響了。我聽不見鈴鐺聲，就知道毛驢偷懶了，只要我大喝一聲，牠就又會轉起圈子來。」

國王說：「要是毛驢站在原地不動，光搖頭，既沒有幹活，又能讓你聽到鈴鐺聲，那怎麼辦呢？」

磨坊主從來也沒有想過這個問題。他說：

「啊，我親愛的陛下，我到哪兒才能買到像你這樣聰明的毛驢呀！」

大智慧

有些人總是把簡單的事情複雜化，可是顧慮太多哪還有精力去做事情呢？

三隻鸚鵡

一個人去買鸚鵡，看到一隻鸚鵡前標：此鸚鵡會兩種語言，售價二百元。另一隻鸚鵡前則標道：此鸚鵡會四種語言，售價四百元。該買那隻呢？兩隻都毛色光鮮，非常靈活可愛。

這人轉啊轉，拿不定主意。結果突然發現一隻老掉了牙的鸚鵡，毛色暗淡散亂，標價八百元。這人趕緊將老闆叫來：「這隻鸚鵡是不是會說八種語言？」

店主說：「不。」

這人奇怪了：「那牠為什麼又老又醜，又沒有能力，會值這個數呢？」

店主回答：「因為另外兩隻鸚鵡都叫這隻鸚鵡『老闆』。」

管理就是你不做事，讓人做事，讓別人去做自己想做的事情，並且別人願意去做。

硬柪

丈夫：「妳是怎麼煮的？這牛肉餡餅根本沒有煮熟。」

妻子：「但我是按照食譜做呀！食譜上的做法是供四個人吃的，而我們只有兩個人，所以我就減去了一半的料，當然啦！煮的時間也比書上講的少了一半。」

大智慧

對於一個想結婚的男人來說，有人說不要娶太聰明的女人，但事實上，最重要的是不要娶太笨的女人。

歷史學家

甲：「你妻子是做什麼的？」

乙：「她是個家庭主婦，不過只要她一和我吵架，她就成了歷史學家。」

甲：「你是說，她歇斯底里嗎？」

乙：「不，她老揭我的底，一件瑣事都不會忘掉。」

大智慧

不要和女人吵架，她們在吵架中總是會勾起許多陳年往事並加以利用。

派差使

「誰喜歡音樂，向前走三步！」班長發出命令。六名士兵出列。「很好，現在請你們把這架鋼琴抬到三樓會議廳去。」

用一個恰當的理由來讓別人自願做事情，這是領導者的智慧。

智慧與外表

晚飯後，丈夫問妻子：「親愛的，我很好奇為什麼女人發揮自己的智慧，遠不如自己的外表。」

妻子回答道：「因為男人大多數是愚蠢的，但只有少數是瞎子。」

大智慧

女人的智慧和外表是否重要，往往取決於男人的關注度不同。這可能也是有智慧女人的悲哀。

滯銷

一天，一位女士走進一家帽子商店。老闆微笑著說：「早安，夫人。」

「早安」那位女士回答道，「你們櫥窗裡有一頂鑲有紅花藍葉的帽子。請你把那頂帽子從窗子裡拿出來。」

老闆說：「好的，夫人。我很願意為您效勞。」

女士們通常總要先看許多帽子，然後才選定一頂，弄得老闆疲於應付。

「好」他想道，「我一定要很快地把這頂帽子賣掉，它在櫥窗裡放了很長時間了。」

「夫人，您希望把帽子放在盒子裡還是戴著走？」他問道。

「啊，我不想買，我只希望你把那帽子從櫥窗裡拿出來。我每天都經過你的商店，我不喜歡看見那裡放著醜陋的東西。」

大智慧

滯銷，首先應該從自己著手，想一想滯銷的原因，而不是無所不用其極地向外兜售。如果這樣做，即使一時得逞，也不會有很好的前景。

拔牙

牙醫對病人說：「你不要害怕，來來，喝一杯酒鎮靜鎮靜。」等病人喝下酒後，過了一會兒，醫生問：「你現在覺得如何？」「看誰還敢拔我的牙？」病人紅著目露凶光的對醫生說。

大智慧

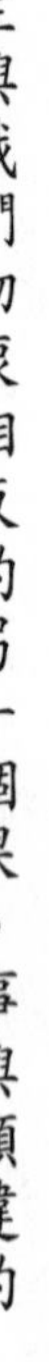

我們眼中的一個因，往往會產生與我們初衷相反的另一個果。事與願違的

事情，從來就不是一開始就可以預料得到的。而我們能做的就是，考慮得周全些，再周全些。

理由

有幾位紳士在一家酒店裡喝酒，酒後沒什麼可消遣的，有人就提議賭博。有一位紳士站起來說道：「我有十四條理由反對賭博。」大家問他是哪些理由，他說道：「第一條，我沒有錢……」那個提議的人馬上打斷他的話，說道：「你老兄就是有四百條理由的話，也用不著說第二條了。」

大智慧

一旦決定性的前提因素被取消，那麼這件事情本身便無從談起了。

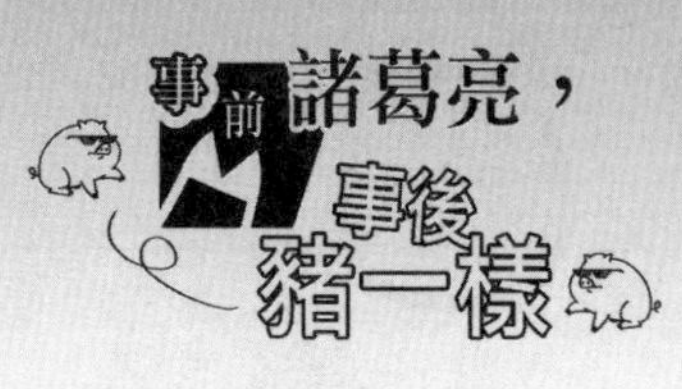

要的就是這個

將軍發現，有一個士兵的行為舉止非常怪異：他總是拿起一張用過的紙，看一看，然後扔到一邊，同時喃喃地說道：「不，要的不是這個！」將軍請心理醫生給士兵看病。心理醫生檢查以後寫道：此人有心理障礙，不宜當兵。

士兵拿起診斷書，高興地說：「對了，要的就是這個！」

大智慧

經濟學中有「合理規避原則」。當我們想要拒絕事情或者想要達到自己目的的時候，利用規則來巧妙的實現往往比直接對抗要來得更好。

鴨子只有一條腿

某城市有個著名的廚師，他的拿手好菜烤鴨，深受顧客的喜愛，特別是他的老闆，對此更是倍加賞識，不過這個老闆從來沒有給予過廚師任何鼓勵，使得廚師整天悶悶不樂。

有一天，老闆有客從遠方來。在家設宴招待貴賓，點了數道菜，其中一道是老闆最喜愛吃的烤鴨。廚師奉命行事，然而，當老闆挾了一條鴨腿給客人時，卻找不到另一條鴨腿，他便問身後的廚師說：

「另一條腿到哪裡去了？」

廚師說：「老闆，我們家裡養的鴨子都只有一條腿？」老闆感到詫異，但礙於客人在場，不便問個究竟。

飯後，老闆便跟著廚師到鴨籠去查個究竟。時值夜晚．鴨子正在睡覺。每只鴨子都只露出一條腿。

廚師指著鴨子說：「老闆。你看，我們家的鴨子不全都是只有一條腿嗎？」

老闆聽後，馬上拍掌，鴨子當場被驚醒，都站了起來。

老闆說：「鴨子不全是兩條腿嗎？」

廚師說：「對，對，不過，只有鼓掌拍手，牠才會有兩條腿呀！」

大智慧

在開創銷售工作時，激勵獎賞是非常重要的。身為領導者，要經常在公眾場所表揚績優者或贈送一些禮物給表現特佳者，以資鼓勵，激勵他們繼續奮鬥。一點小投資，可換來數倍的業績，何樂而不為呢？

誘餌

一名美麗的妙齡女郎在動物園閒逛，最後她停留在猴子園前面，卻瞧不到半隻猴子。

「今天這些猴子都跑到哪裡去了？」她問動物園的管理員。

「現在是交配時期，牠們都回到洞裡了。」

「如果我丟些花生給牠們，牠們會不會出來呢？」

「我不知道，」管理員說，「如果是妳，妳會嗎？」

大智慧

不要以為只要滿足了員工的物質生活就能夠改變他們的積極性，畢竟人的需求是多層次的。

不公平

有一位牧師和一位公車司機同時過世了，但是公車司機上了天堂；牧師卻下了地獄。

牧師一生貢獻於教會卻下地獄，覺得相當地不平，於是向上帝抱怨。

牧師：「主啊！我一生都貢獻於教會，每個禮拜天都帶著您的信徒做禱告，為什麼我卻不如一個公車司機？還下地獄了呢！」

上帝：「對啊，就是因為如此你才下地獄的。你每個禮拜天都帶著信徒們禱告，講經，但他們在下頭睡覺。雖然公車司機每天在街上橫衝直撞，但他的乘客卻在禱告呢。」

作為領導人，有時候我們自己做了很多，卻很委屈沒有得到相應的待遇。

其實，如果你沒有完成你職位應該完成的工作，即使你個人付出再多，也是沒有用依然是不稱職。

魔鬼的樣子

德國宇宙玩具公司老闆奧斯曼對員工非常嚴厲、苛刻，員工背地裡都稱他為「魔鬼」。

一天奧斯曼站在門外等車，公司的尼娜小組跑過去對奧斯曼說：「老闆先生，我對你有一個請求，請跟我走一趟！」

奧斯曼跟她走到一個銀匠面前。

尼娜對銀匠說：「就像這樣的。」說完就走了。

奧斯曼問這位銀匠；「她這話是什麼意思？」

銀匠說；「她剛才帶來了一些銀子讓我給她打一隻像魔鬼的銀器。我告訴她說，我從沒見過魔鬼，不知何狀。於是她就把你給帶來了。」

大智慧

要取得更大的成功，就要有別人的幫助。要別人幫助你，你就要成為領袖，做到了這一點，你最大的夢想都能實現。而作為一個優秀的領導者首要的是有自己獨特的人格魅力，並獲得人們的信賴和尊重，這樣你才是一個真正的領導者。

能和我說幾句話嗎？

在一家服飾店裡，史比先生正不耐煩地走來走去。突然，他興奮地衝到一個漂亮女孩跟前，說：「對不起，小姐，妳介意和我說幾句話嗎？」

「為什麼？」女孩好奇地問。

「我妻子在這裡已經逛了一個多小時了。但如果她看見我和妳說話，她肯定會馬上出來的……」

沒等他說完，史比太太便出來了。

對於那些女人已經認定了是屬於自己的東西，她們的警覺性向來是很高的。

而且，女人之所以愛漂亮最終的目的還不是為了留住丈夫的目光。

游泳的故事

有兩個男子結伴去游泳，他們害怕會出意外，便問旁邊一個正在釣魚的孩子：

「這水裡有鯊魚嗎？」

孩子認真地說：「沒有，絕對沒有！」

話音剛落，兩人已躍至水中。這時，孩子又認真地說：「這裡沒有鯊魚，可是有鱷魚！」

大智慧

對於複雜事物的瞭解與判斷和對突發事件的處置與預防，千萬不能就事論事，否則會遇到更麻煩的難題。

原來如此

一對年輕夫婦去看畫展。

妻子有著高度的近視眼，她站在一幅大畫前仔細地看了老半天，然後大聲地叫了起來：「我的天哪！這位婦人為何如此難看？」

「親愛的，別大驚小怪，」丈夫連忙走上前去，悄悄地告訴妻子：「這不是畫，是鏡子。」

當我們對著鏡子看的時候，不妨問一問自己，我們真的瞭解鏡中人嗎？

區別

女：「你說說看我和你從前的女朋友有什麼區別？說呀你！」

男：「她是一盤沒下完的棋，妳呀！是一盤下不完的棋。」

大智慧

不吃飯的女人這世上也許還有好幾個，但不吃醋的女人卻連一個也沒有。

難以入睡

有位先生把汽車停靠在路邊，以便打個盹。當他躺在座椅上時，有人敲打窗戶問時間，他看看錶說：「快八點了。」

他剛入睡，敲窗聲又響了起來：「先生，您知道現在是幾點嗎？」他只得再次看錶，告訴他：「八點半了。」

敲窗的人太多，他根本無法睡好，於是寫了張小字條貼在車窗上：「我不知道時間。」太睏了，這位先生再次躺下。

但幾分鐘後，一位過路的人又敲起了窗戶：「喂，先生，現在已經是九點了。」

大智慧

越是我們不希望的結果，越是容易發生。也許別人帶給你的麻煩正是出自他對你的關心而已。既無惡意，何必放在心裡。

針

老祖母感歎的說著：「唉！現今社會的女孩們沒有幾個會用針的……」

「奶奶，我會！」孫女兒喊道：「我知道針用上一段時間就得換，要不然會損壞唱片。」

大智慧

對於所謂的代溝，沒有比「物換星移事過境遷」更適合的解釋了。

最討厭問這個

男：「親愛的，妳年紀多大呀？」

女：「我最討厭你問這個。」

男：「為什麼？」

女：「沒有為什麼！這就像我問你荷包裡有多少錢一樣！」

大智慧

男人對女人說話，七分真三分假，女人對男人說話，七分假三分真。男人謊報收入，女人謊報年齡。所以，千萬不問男人的收入，更不要問女人的年齡。

豬

每天早晨起來，豬媽媽都要花費很長時間化妝打扮自己，然後將蔥插進鼻孔裡假裝是大象。豬寶寶在一邊說：「不如乾脆去做個長長的鼻子，人老了，一點創意沒有！」

大智慧

生活是需要創意的，但是，創意應該尊重自然規律和社會規範。

謝天謝地

有個官員貪財殘害百姓，還經常貪酒耽誤正事，老百姓對他恨之入骨。到了他被解職下台的時候，老百姓送給他一塊德政碑，上書「五大天地」。他不解其意，於是問大家：「這是什麼用意。」

老百姓齊聲答道：「人一到任時，金天銀地；你在家時，花天酒地；你坐堂辦公時昏天暗地；老百姓喊冤時，是恨天怨地；你如今下台了，謝天謝地！」

在其位應謀其職，群眾的眼光是雪亮的，你的行為時刻在受到別人的關注。

天堂之路

有一位初到小鎮的神父問一個小孩：「小朋友，你可以告訴我怎樣可以去郵局嗎？」

小孩詳細地告訴了神父。

神父說：「小朋友，非常謝謝你。對了，星期天你來教堂找我吧，我可以告訴你通往天堂的路」。

小孩說：「算了吧，你連到郵局的路都不知道，又怎能告訴我通往天堂的路呢？」

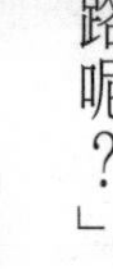

如果我們要獲得別人的信任，我們必須先要充實自己。當別人提出疑問時，我們卻支吾以對的話，別人又怎麼能相信你的產品或你提供的機會呢？

割草男孩的故事

一個替人割草的男孩打電話給一位陳太太說：「您需不需要割草？」陳太太回答說：「不需要了，我已有了割草工。」

男孩又說：「我會幫您拔掉花叢中的雜草。」

陳太太回答：「我的割草工也做了。」

男孩又說：「我會幫您把草與走道的四周割齊。」

陳太太說：「我請的那人也已做了，謝謝你，我不需要新的割草工人。」

男孩便掛了電話。

此時，男孩的室友問他：「你不是就在陳太太那兒割草打工嗎？為什麼還要打這電話？」

男孩說：「我只是想知道我做得有多好！」

只有不斷地探詢客戶的評價，你才有可能知道自己的長處與短處。不要蕭規曹隨，凡事想想清楚事出何因，多問幾個「為什麼」。

誰是約翰

老公傑克經常晚歸，因為外面有女人。妻子很著急，後來想出一個辦法。有一天深夜，妻子聽到傑克回來的聲音，假裝睡了，等傑克上床時，妻子說：「約翰，是你嗎？今晚怎麼這麼晚才來？我要睡了。」說完後又睡著了。

傑克大吃一驚，啊！老婆有情人！誰是約翰？

從此，傑克早早回家，再也不出去。

當男人感到罩不住家裡的女人時，他在外面是花不起來的。只有他感到家裡的女人心裡只有他時，他才有閒情逸致到外面去花心。

面談

傑克到一家酒吧應徵警衛。酒吧的經理問他：「你有沒有經驗？」

「當然！」傑克就環視四周。看到一個醉醺醺的酒客走過。馬上把他抓過來。隨之一腳將他踢出門外。然後。得意洋洋地問經理：「那請問我現在能不能見總經理了？」

「你恐怕要稍等他一下了。因為，他剛才被你踢出去了。」

年輕人最讓人欣賞的是做事情有精力，速度快，效率高。但最大的問題也是考慮不周，容易衝動，經常辦錯事。所謂「欲速則不達」正是這個道理。

打劫

深夜兩點，一條寂靜如死的街道盡頭。

「對不起，你也許能告訴我這兒是否有警察？」

「不，這兒沒警察。」「那麼，是否能在附近很快找到一位警察？」

「我想不會有警察。」「好了，那麼請您把手錶和錢都給我。」

單純並不是我們值得驕傲的名詞。複雜些，並不是故弄什麼玄虛，也許只是為了保護自己。

鬧鐘

一位顧客對售貨員說：「我想買一個好鬧鐘，您這裡有嗎？」

「先生您想買的那種鬧鐘，我店剛進的貨。瞧！就是這種鬧鐘，首先它會響，如果您醒不了，它就會鳴汽笛並傳來炮聲。如果您還醒不了，它就會給您噴一束涼水，然後它會打電話給您的上司請假說您生病了。」

大智慧

完整的市場經濟是由供需關係決定的，我們說，需求產生供給，高明的銷售手段是創造需求，然後銷售需求。也許有一天，我們真的需要這樣一種鬧鐘。

願望

業務代表、行政職員、經理一起走在路上去吃午餐，意外發現一個古董油燈。

他們摩擦油燈，一個精靈從一團煙霧中冒了出來。

精靈說：「我通常都給每個人三個願望，所以給你們每個人一人一個。」

「我先！我先！」職員搶著說，「我要到巴哈馬，開著遊艇，自在逍遙。」

噗！她消失了。

驚嚇之後，「換我！換我！」業務代表說：「我要在夏威夷，和女按摩師躺在沙灘上，還有喝不完的椰汁和生命之愛。」

噗！他消失了。

「好了？現在該你了？」精靈對經理說。

經理說：「我只希望他們兩個吃完午餐後回到辦公室。」

大智慧

永遠讓你老闆先說。

成功與失敗的背後

女：成功的男人背後一定有個女人！

男：失敗的男人背後呢？

女：一定是有許多的女人。

美麗卻帶著罪惡。「木秀於林，風必摧之」，這世上，秀木有幾棵？美女又有幾個？茫茫人海，姿色平平者舉目皆是，偶爾令人眼前一亮的美女，真可謂是寥寥無幾，哪個男人不蠢蠢欲動，能得就得，不能得就毀，美與惡之間的距離只一步之遙。

一言誤事

「你昨天去找新的工作，找到了嗎？」

「沒有。當應徵人員跟我洽談時，我說了句該死的廢話！」

「你說錯了什麼？」

「當他問我會不會做這種工作時，我說『這種工作我簡直可以閉著眼睛做』！」

「這話沒有錯啊？」

「可是他要找的是個守夜人。」

大智慧

不要低估任何一件事情，有時越簡單的工作越需要責任心。

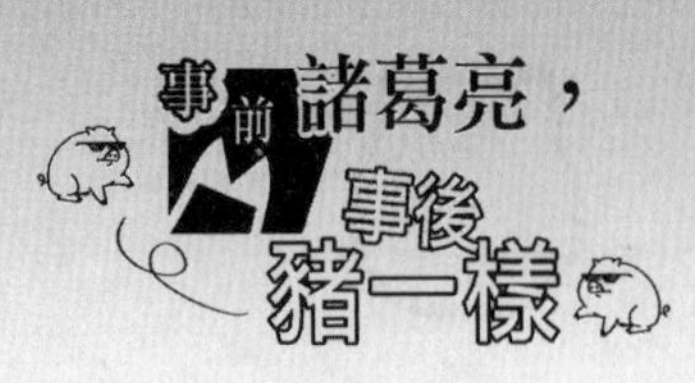

女人的天性

上帝用亞當的一條肋骨製造了夏娃，兩人生活在一起。經過一段時間後，亞當晚歸了幾天，夏娃開始生氣了。

「你一定是在追其他的女人。」她指責說。

「請講一點道理吧！」亞當反駁道「妳是地球上唯一的女人。」

這個爭吵持續到大家都因疲倦而睡著為止。突然，亞當被胸前的一陣戳動給吵醒了，睜開眼一看，是夏娃。

「喂，妳到底想怎樣？」亞當問。

「檢查你的肋骨。」夏娃說。

女人是善妒的，即使她是你身邊的唯一。對於男人來說，可以解釋成為她對愛情的重視，對於女人來說，適度的寬容才是愛情長久的保障。

三個畫家

從前，有一個國王，長得高頭大馬身強體壯的，可惜的是他有一隻眼是瞎的，一條腿是瘸的。有一天他召來三位有名的畫師給他畫像。

第一個畫師，把國王畫得雙目炯炯有神，兩腿粗壯有力，虎背熊腰，英俊威武。國王看過畫之後，氣憤地說道：「這是個善於逢迎的傢伙。」他叫衛兵把這位畫師推出去斬首了。

第二位畫師，按照國王原來的樣子畫得逼真如實。國王看過畫像之後，又是一股怒氣，說：「這叫什麼藝術！」叫衛兵把他的頭也砍了。

輪到第三位畫師了。

他把國王畫成正在打獵，手舉獵槍托在瘸腿上，一隻眼緊閉著瞄準前方。

國王看了十分高興，獎給他一袋金子，譽他為「國內第一畫師」。

無論是對自己，還是對他人，人生的智慧都是：「揚長避短。」

功虧一簣的推銷

有位挨家挨戶推銷清潔用品的業務員，好不容易才說服公寓的主婦，幫他開了鐵門，讓他上樓推銷他的產品。當這位辛苦的推銷員在主婦面前完全展示他商品的特色後，見她依舊沒有購買的意願下，黯然拎著東西下樓離開。

主婦的丈夫下班回家，她不厭其煩地將今天業務員向她展示產品的優良性能一一重述一遍後，她丈夫說：「既然你認為那項產品如此實用，為何沒有購買？」

「是相當不錯，性能也很令我滿意，可是那個推銷員並沒有開口叫我買。」

大智慧

這是推銷員百密一疏，功虧一簣之處，但基本上是推銷員的意志不堅，精神不集中所致。

失火

一位好萊塢影星的豪華別墅失火了。

「趕快通知電視台、廣播電台和所有的報社記者！」主人吩咐傭人。

「好吧！先生。那消防隊還要通知嗎？」傭人問。

大智慧

對於某些人來講，名利簡直要比生命還重要，但究竟什麼才是最重要的，這可是需要用一生來回答的問題。

好眼光

一個漂亮女子在拒絕了一名男子的求婚後，安慰他說：「不過親愛的，你不必太過悲傷，我會永遠欣賞你的好眼光。」

大智慧

最能反映出一個女人品味的東西，是她現在和過去愛上一個怎樣的男人。

巴頓將軍

巴頓將軍為了顯示他對部下生活的關心，搞了一次參觀士兵食堂的突襲檢查。在食堂裡，他看見兩個士兵站在一個大湯鍋前。

「讓我嘗嘗這湯！」巴頓將軍向士兵命令道。

「可是，將軍……」士兵正準備解釋。

「沒什麼『可是』，給我勺子！」巴頓將軍拿過勺子喝了一大口，怒斥道：「太不像話了，怎麼能給阿兵哥喝這種湯？這簡直就是刷鍋水！」

「我正想告訴您這是刷鍋水，沒想到您已經嘗出來了」阿兵哥答道。

大智慧

只有善於傾聽，才不會做出愚蠢的事！

女人的較量

甲：「妳好啊，玲玲。聽說妳和小劉訂婚了？小劉前不久也向我求過婚呢！他沒對妳說？」

乙：「沒有。他只說過，他曾被一個不知從哪兒來的混帳女人死纏賴打的追求過，他根本沒搭理！」

兩個女人，只要曾經愛上同一個男人，她們的一生都會互相比較。

訣竅

餛飩店的隔壁，開設著一家茶水店。餛飩店的老闆做生意怎麼也做不過茶水店。餛飩店老闆向茶水店老闆請教；

「老弟，你茶水店生意為什麼會這樣好？這裡有什麼訣竅？」

茶水店老闆笑著說：

「老兄，如果你餛飩裡再多放一點鹽，我的生意將會更加興隆。」

大智慧

看來，要發大財，要做一個真正的企業家，必須要做個有心人，要學會在「藏寶圖」中尋找別人一直所忽視的那塊地方。善於發現、敢於探索，才是真正的生財之道。一些司空見慣的小東西很有可能就是你的財源所在，關鍵看你是否處處留心那些需求的空白。

年齡和嫁妝

「我有三個女兒?希望順順利利的把她們嫁出去。」老先生誠懇地對一位陌生的年輕人說:「我已經賺了不少錢,因此她到丈夫家不會不帶嫁妝的。比方說,阿特麗絲,她二十五歲,她真是個好女孩,等她出嫁時,我要分給她一千美元;下一個是列尼絲,她快三十五了,我準備給三千美元;烏瑪四十歲了,誰要娶她,我給他五千美元。」

年輕人稍加思索後問老先生:「您有沒有年近五十的女兒?」

大智慧

年輕是一種本錢,是本錢就有價值。花兒希望在綻放的時候遇到欣賞的人,女孩希望在最美的時候遇到心愛的人。因為這個時候她們是最有價值的。

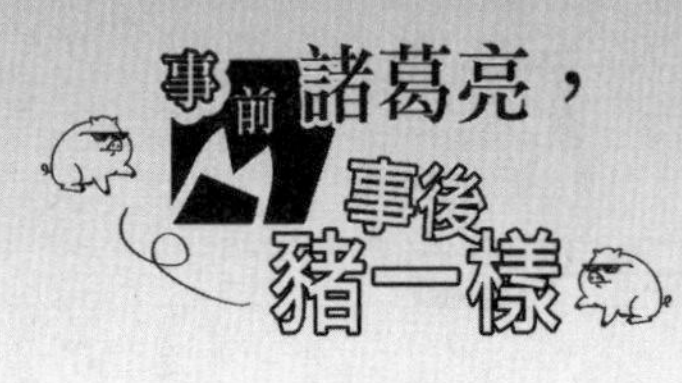

方法各異

產品銷售會上，銷售額極其令人沮喪，經理就對我們販售職員訓斥道：「我已經看夠聽夠了你們拙劣的工作水平和理由。如果你們無法勝任這項工作，會有人替代你們，賣出這些你們每個人都應引以為榮有價值的產品。」

然後，他對新雇員，一名退役足球隊員說道：「如果一支足球隊贏不了，會怎麼樣？隊員們都得被撤換掉，不是嗎！」

幾秒鐘沉默後，這名前足球隊員回答道：「實際上，先生，如果整個隊伍都有麻煩的話，我們通常只是換個新教練。」

大智慧

對於一個團體來說，如果事業遇到了挫折，確定問題和承擔責任往往是分開的。有問題的未必須承擔責任。

過河

有一個船夫划著船送一位哲學家過河，上船時哲學家問，你懂哲學嗎？船夫說不懂，哲學家說，你生命的一半沒有了。

船划了一段後又問，你懂歷史嗎？船夫說不懂，哲學家說你生命一半的一半沒有了。船划到河中央時突然一陣大風颳來，船快翻了，船夫問哲學家，你會游泳嗎？哲學家說不會。船夫說你整個生命都沒有了。

這個故事是在說明思想理論與現實經驗的差異，這些全靠你用腦子去思考、去了解、去體會、去選擇。

小姐與乞丐

郊外一幢漂亮的房子裡，住著一個漂亮的小姐。

這一天，來了一個乞丐，乞丐衣衫襤褸一頭白髮，一副可憐相。小姐動了惻隱之心，給了他十塊錢。

小姐問乞丐：「你每天除了乞討，還做些什麼嗎？」

乞丐說：「化妝。」

「化裝？」小姐覺得很奇怪，「討錢也要化裝嗎？」

「是的，我把自己裝扮得更衰老一些，這樣人們就更同情我，給我更多錢。那小姐，妳除了上班還做些什麼？」

小姐說：「化妝。」

「小姐在哪兒上班？」

「在歌舞廳，我得把自己打扮得更年輕一些，這樣客人才會喜歡我，給我更多錢。」

乞丐一聽立刻把十塊錢還給她。

小姐奇怪了：「怎麼？不要了嗎？」

乞丐說：「是的，幹我們這一行有個規矩：不能向同行討錢。」

大智慧

沒有規矩，不成方圓。即使是行乞也要遵規守諾講誠信，這是做人做事的根本，唯如此，才能立穩腳跟並取得長足發展。

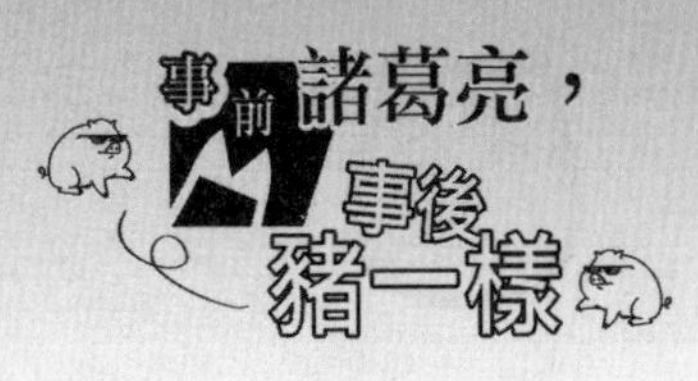

老鼠和狗

一群老鼠爬上桌子準備偷肉吃，卻驚動了睡在桌邊的狗。老鼠們同狗商量，說：「你要是不聲張，我們可以弄幾口肉給你，我們共用美味。」狗嚴詞拒絕了老鼠們的建議：「你們都給我滾，要是主人發現肉少了，一定懷疑是我偷吃的，到那時我就會成為砧板上的肉了。」

不要與企圖打倒自己的對手合作，當他們給你一點利益的時候，你也許失去的是更大的利益。

應試妙答

一應徵者接受面試，部分對話節錄如下：

招考官：「你以前是銷售什麼的？」

應徵者：「銷售我自己。」

招考官：「業績如何？」

應徵者：「天知、地知、我知，就是你不知。」

招考官：「你為何要跳槽？」

應徵者：「不跳的人是一樣的，跳槽的人理由各不一樣。」

招考官：「那你為何選中我們公司呢？」

應徵者：「那你們公司為何要招考呢？」

招考官：「有緣。」

應徵者：「是呀，真是相見恨晚，明天我能否上班？」

大智慧

面試時，首先要擺正自己的位置，明確自己的回答問題範圍，不該說的絕不要提。切不可賣弄「口才」亂答一通。

即使你很「出色」，而且勝利在望，在回答問題時也要講分寸、有禮貌。否則只會引起主考官的反感，讓「煮熟的鴨子飛走了。」

安全的游泳法

最近，在年輕人中間流傳著一條新聞：游泳教室在全省連瑣大賣場辦了一個「安全游泳法指導教室」。

當人們三三兩兩相聚時，就商量著：「我們也去學一學安全游泳法吧！」

開學了，大家都坐在老師面前，心想不知是怎麼個學法。大家七嘴八舌的熱烈討論著，老師從襯衫口袋裡拿出原子筆來，在大家的膝蓋上畫上一條橫線，說道：「我衷心的希望你們：深過這條線的水可千萬不能下呀！」

站在岸上的人永遠學不會真正的游泳，只有深入其中才能得到你想要的才識。

醫生

一位私人診所的醫生準備出國渡假，便讓剛從醫學院畢業的兒子來頂一個月。一個月後醫生從國外渡假回來，問兒子情況如何。

兒子得意地說：「我把您醫了十年都沒醫好的那個心臟病人徹底治好了。」

不料，父親聽了破口大罵道：「混蛋！你以為你聰明能幹？你也不想想，你這些年讀醫學院的學費是怎麼來的！」

這個社會，有些職業是可以透過量化的條件來考慮，但有些職業則是需要加入道德和良知共同評價。做一個有良知有道德的人，是從事任何工作的先決條件。

心安理得

農場老闆：「你今天是不是往牛奶裡摻水了？」
新助手：「是的，先生。」
農場老闆：「難道你不知道這是不道德的嗎？」

新助手：「是的，先生。但您不是親口說過……」

農場老闆：「我是說，你應該先準備好一桶水再將牛奶往裡面倒，這樣我們便可以心安理得地對客人說，我們可沒往牛奶裡摻水，明白嗎？」

現實生活中的自我欺騙不外乎兩種情況：一種是逃避責任另一種是尋求心理安慰。

畢卡索的畫

自從畢卡索的抽象畫風行以來，許多人都以畢卡索的學生自居。有一位畫家舉行了抽象畫展，吸引了許多人，有一位老太婆站在一幅畫前，喃喃自語地說：「這究竟是在畫什麼」

旁邊有一位懂畫的人說：「是畫家的自畫像」

老太婆又問：「那右邊的那一張呢？」

那人說：「是他太太」

老太婆點頭說：「希望他們別生孩子。」

大智慧

中國有句古話，「畫虎不成反類犬」。如果一個人學東西學成四不像，那還不如不學。

顧此失彼

某國家廣告上寫著：「參加傘兵吧！從飛機上跳下來比過馬路安全。」

有人在廣告下面寫著：「我很願意參加，但徵兵辦公室在馬路的對面。」

大智慧

除非你什麼都不要做，否則就要承擔一定的風險。

服務態度

一位年輕的女孩坐在拋錨的車裡，等待有人能給予幫助。終於有兩個男人來到她的面前。「我的汽油用完了，你們能幫忙把車子推到加油站嗎？」兩名男士立即上前賣力地推車，就這樣他們推著車子越過了幾個街道。過了一會兒，一個筋疲力盡的男人抬頭一看，看見他們剛剛已經路過了一個加油站。「妳為什麼不把車拐進去？」他大聲喊道。「我絕不去那兒。」女孩大聲回答：「他們那兒的服務態度不好。」

年輕的女孩總是有人獻殷勤，誰叫我們是比例失衡的社會呢？希望聰明的女孩能善用這樣的福利。

傷心的故事

有三個人到紐約渡假。他們在一家高級飯店的第四十五樓訂了一個套房。一天晚上，大樓電梯發生故障，服務生安排他們在大廳過夜。

他們商量後，決定徒步走回房間，並約定輪流說笑話、唱歌和講故事，以減輕爬樓梯的勞累。

笑話講了，歌也唱了，好不容易爬到第三十四樓，大家都感覺精疲力竭。「好吧！彼德，你來講個幽默故事吧！」

彼德說：「故事不長，卻令人傷心至極：我把房間的鑰匙忘在大廳了。」

大智慧

樂觀的人生活中到處都是陽光，一件不幸的事情，他們也能用一種「幽默」的方式來看待。

許願

馬克考試總是不及格。

爸爸對他說：「好孩子，從下個學期開始，你要加倍努力讀書，成績及格了，我就給你買一部小轎車。」

第二個學期結束了，馬克還是不及格。爸爸火冒三丈！

「沒用的東西，這個學期你幹什麼去了？」

「我學開車去了。」

事情總該有個輕重緩急，當作為前提的部分還沒有實現，後面的就無從談起。

心煩

一個濃妝艷抹的年輕女子把酒吧服務生的領班叫了過來，問道：「坐在窗邊的那位是威廉・休士頓嗎？」領班點了點頭。

「他讓我煩死了。」她說。

「他惹到妳了？」領班問：「怎麼會呢？他連看也沒看妳一眼呀！」

「就是啊，」年輕女子說：「我正是為這個心煩。」

子曰：「遠則生怨」，地獄也比不上被蔑視女人那把猛烈的怒火。

謙遜

有位官員前去探望自己病中的主管。病人沈重地歎息一聲，說：「我們兩個都老了，還常常生病。我們兩人當中究竟會是誰先離開這個世界呢？」這位以謙遜著稱的官員習慣地恭敬回答道：「當然，是您，是您。」

當你希望以某種「品質」來贏得更多的時候，可要小心了，因為一個不經意就能讓你全盤皆輸。

幸福是一種感覺

一個遲暮之年的富翁，在冬日的暖陽中到海邊散步時看到一個漁夫在曬太陽，就問道：「你為什麼不打魚呢？」

「打魚幹什麼？」漁夫反問。

「賺錢買大漁船呀！」

「買大漁船幹什麼？」

「打很多魚，你就會成為富翁了。」

「成了富翁又怎麼樣？」

「你就不用打魚了，可以幸福自在的曬太陽了。」

「我不正在曬太陽嗎！」

幸福是一種感覺，你感覺到了，便是擁有。

女人心理

一輛手推車在擁擠的街道上經過，許多在街上買東西的小姐太太不肯讓路，推車的人大叫：「當心身體！」無人理會。

他改叫：「當心碰髒衣服！」只有少數女人側身讓開。

他再大聲叫道：「當心勾破絲襪！」女人全躲到人行道上去了。

男人天性好色，猶如女人天性愛美，禁之阻之莫如疏之導之。

稀物

服務生：「請結帳！」

顧客：「天哪！怎麼兩個煎雞蛋就一百元！難道這兒的雞蛋就這麼稀罕嗎？」

服務生：「不，先生！這兒稀罕的不是雞蛋，而是顧客！」

大智慧

有時候，讓自己融入在自身所處的環境裡，使自己變得平易近人往往比獨特而神祕要來的更好些。

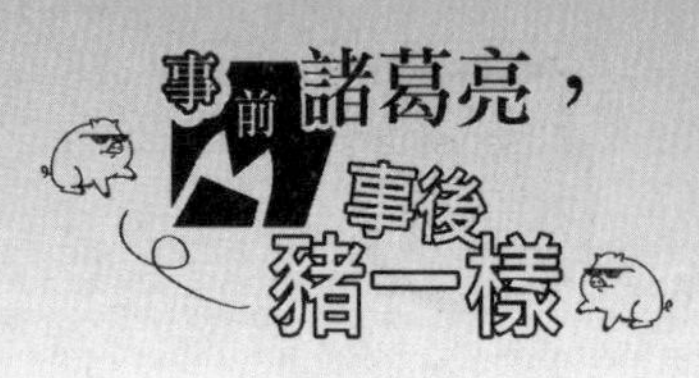

稍等一分鐘吧！

有一個人問上帝：「偉大的上帝，在你的眼睛裡，一千年的時間意味著什麼？」

上帝回答道：「只意味著一分鐘罷了。」

「萬能的上帝呀！在你的眼睛裡，一萬個金幣又意味著什麼呢？」

「僅僅意味著一個小錢罷了。」

「慈悲的上帝呀！那就請你恩賜給我一個小錢吧！」

「好，可憐的人，就請你稍等一分鐘吧！」

任何事情其實都是相對的，得到東西的時候，也是要付出相同的代價。

蘋果和屁股

女教師在黑板上畫了一個蘋果，然後問：「孩子們，這是什麼呀？」孩子們異口同聲地回答：「屁股！」女教師哭著跑出教室，找校長告狀：「孩子們嘲笑人。」校長走進教室，表情嚴肅地說：「你們怎麼把老師氣哭了？啊！還在黑板上畫了一個屁股！」

大智慧

我們總認為老天爺的安排不公平，且受到傷害的總是自己。可是，有沒有想過，根本就是我們不懂遊戲的規則呢？

運氣真好

一個騎自行車的人撞倒了一個行人。

「您的運氣真好啊！」騎車人安慰被撞的。

「你也不覺得不好意思！難道你沒看到，我的腿被你撞傷了嗎？」

「不管怎麼說，您的運氣真的不錯！今天我休假，不然我平時是開大卡車的。」

大智慧

在遇到倒楣事情的時候，我們不妨先告訴自己：還好，事情沒有更糟！

還沒說完

塔布偷牛被抓，被反綁著手，掛著告示牌遊街示眾。

一個朋友正好路過，問他犯了什麼罪，要被捆綁著示眾？

他愁眉苦臉地答道：「哎！真是時運不佳，才落到這步田地。今天一大早我在街上溜躂，看到地上有條繩子，長長的，想著以後也許能派上用場，就撿了起來，他們就說我偷東西！」

朋友為他抱不平起來；「太不像話了，這麼一點事就要遊街示眾，我找他們評理去！」

塔布又說：「剛才我還沒說完呢！那條繩子的另一端，還拴著一頭牛。」

慾望如同繩子的另一端，如果任由其拉扯，就會在不經意間一步步邁向罪惡的深淵。

眼鏡

海倫視力不好。過去她一直戴著一副眼鏡。可是自從有了男朋友之後，海倫不再戴眼鏡了。

她母親很奇怪，問她為什麼不戴眼鏡。

她說：「噢，媽媽，吉姆覺得我不戴眼鏡更漂亮；同時，這樣我也可以覺得他好看些。」

難得糊塗，其實，當我們努力追求某些更美好東西的時候，有價值的東西反而從我們身邊悄悄溜走了。

農夫求醫

一位吝嗇出了名的農夫請醫生幫他的妻子看病。

「人家說你十分吝嗇。」醫生說：「我一定拿得到診療費嗎？」

「不管你治好或治死她，你都可以不必打官司便可以拿到錢。」農夫說。

醫生便悉心醫治，但婦人還是死了，醫生要求農夫付診費。

「你治好了她嗎？」農夫問。

「沒有。」醫生承認。

「那你把她治死了？」農夫又質問。

「當然沒有！」醫生怒氣衝衝地說。

「那麼，我就不欠你分文。」農夫於是說。

大智慧

若因自己對事情理解力偏差所造成的後果，最後終歸是要靠自己來承擔。

在社會上工作，每個人都在為自己的事業而努力。輸了，怨不得他人。

量過了才吃

小林到動物園，發現他在餵某一隻猴子時，牠每次都會把丟進去的花生先塞在屁股眼裡，再拿出來吃。

小林好奇地問管理員，為什麼這隻猴子會有這種舉動？

管理員答道：「因為去年有人丟給牠一個大桃子，牠為了把大桃子的核排泄出來，吃了不少苦頭，所以現在牠一定先把食物量過了才吃。」

所謂的「一朝被蛇咬，十年怕草繩」大概就是這樣，猴子尚能如此，為什麼有些人卻老是在相同一個地方重複的犯錯。

書架

懷特：「啊！你有一個這麼漂亮的書架呀！可惜上面一本書也沒有。」

布朗：「是呀！以前我是有很多書。可是，為了買這個書架，我把書全賣了。」

大智慧

過度的注重外表，常常讓人拋棄了本身內在的修養。

旁敲側擊

小湯的母親愛子心切，在送小湯上小學的第一天，就向小湯的老師要求不能懲罰小湯。老師警告她，這樣子對小孩子沒幫助，只會寵壞了他。她想了一會兒後，說：「好吧，如果小湯做錯了什麼事，就懲罰他鄰座的孩子，嚇嚇他好了。」

指責和攻擊別人的缺點很容易，但正視和矯正自身的不足是不是遠比前者來得重要呢？畢竟自己的缺陷還是要自己來承擔！

興致不減

有一對老夫婦退休多年，但仍然習慣把有時間設定的收音機調到早上七點就響，好把他們吵醒聽新聞報導。

有天早上新聞報導之後，他們最喜歡聽的一首經典的浪漫老歌接著播出。丈夫伸出胳臂摟住妻子，在她耳邊輕說：「親愛的，我要是年輕四十歲，妳知道我現在會做什麼嗎？」

「知道」，她一面回答，一面將身子依偎得更緊些，「我當然知道你會做什麼。」

「告訴我，親愛的，」他歎息道：「妳說我會做什麼？」

「如果你年輕四十歲，」她悄悄地說：「你會起身去上班。」

年輕人永遠無法體會老年人的感受，老年人卻總是羨慕年輕人的活力。有些事情，只有經過了才知道珍惜，否則，即使讓你重新來過，也一樣會失去。

我有罪

有一個人對神父說：「神父，我有罪。」

神父說：「孩子，每個人都有罪。你犯了什麼錯？」

那人回答：「神父，我偷了別人一條牛，我該怎麼辦？神父，我把牛送給你好不好？」

神父回答：「我不要，你應該把那頭牛送還給那位失主才對。」

那人說：「但是他說他不要。」

神父說：「那你就自己收下吧！」

結果，當天晚上神父回到家後，發現他的牛不見了。

大智慧

在我們的生活中時常有詐欺、有陷阱，有時候明知是個圈套我們仍是往裡跳，這樣的陷阱要嘛源於我們的貪婪，要嘛源於設陷阱的人對我們自身的瞭解。

「坐在鋼琴前行嗎？」

有一天，在某地的劇院裡舉辦魯賓斯坦獨奏音樂會。

音樂會開始前，魯賓斯坦站在音樂廳的大廳裡，看著大批觀眾湧進來聽他的音樂演奏。

包廂的服務人員不認識他就是演奏家，還以為他是個買不到票的觀眾，就親切地提醒他說：「真對不起，先生，今天已沒有位置了。」

魯賓斯坦溫和地說：「那我坐在鋼琴前行嗎？」

真正有涵養的人絕對不會和那些比自己地位低的人計較，因為他們明白：「這些人更需要別人的尊重。」

愛顯年輕的夫人

一位夫人已經上了年紀，臉上滿是皺紋，但她總是喜歡把自己的年紀說得年輕一些。

有一次，她對一位新近結識的朋友說：「你知道嗎？我和我妹妹加起來一共六十歲。」

「唉喲喲，」朋友驚叫起來，「難道妳把一個這麼小的妹妹丟在家裡放得下心嗎？」

大智慧

正所謂「欲蓋彌彰」，坦然的面對比刻意掩蓋更能讓人忽視你所不願意接受的事實。

奮鬥不息

在飯店裡，兩個素不相識的人互相攀談起來。

甲說：「我是一個年輕有為的青年。先從最基層做起，以後才一直爬到頂峰。」

乙不禁肅然起敬。

「真了不起，那你奮鬥的經歷肯定非同一般，你是做什麼的？」

「從前擦皮鞋，現在是……」

乙沒等甲說完，連忙接上去說：「現在肯定是理髮師。」

「一點兒也沒錯！」

大智慧

你可以胸懷遠大，但不要隨意輕視目前的自己。先從身邊的小事做起的，從能夠入手的地方開始，這不僅是一個在很多地方都很適用的寶貴原則，而且還會讓你獲得信心，還有快樂的心情！

一塊肥皂

一個遊客對女導遊說：「你帶我遊覽維也納的風景，對我的幫助不少，我想送點禮物給妳。妳最喜歡什麼？」

女導遊非常貪婪，但又不便明言，只吞吞吐吐地說：「我喜歡打扮，嗯……給我一些在耳朵、手指或者脖子上用得上的東西吧！」

第二天，遊客送來了禮物——一塊肥皂。

貪婪和虛偽本來就是人性魔鬼的化身，當它們結合在一起，絕對不會變成小聰明，反而會為你造就一個巨大的陷阱！所以，做人還是要真誠地踩在陽光下，輕快地邁開堅定的腳步！

丑角雙薪

有一次，一個很傲慢的觀眾在演出的中場休息時間，走到俄國著名的馬戲丑角杜羅夫身邊譏諷地問道：「丑角先生，觀眾都非常喜歡你吧？」

「還好。」

「是不是想在馬戲班中受歡迎，丑角就必須具有一張愚蠢而又醜怪的臉蛋呢？」

「確是如此，」杜羅夫說：「如果我能生一張您那樣的臉蛋兒的話，我肯定能拿到雙薪！」

大智慧

真正的醜不是指相貌醜陋，也不是因為扮演「丑角」，而是一種不健康的心態。

多多益善

有個年輕人要給未婚妻挑一張賀年卡。

「這張合適，圖案很漂亮！可以在上面寫著：『向我唯一的心上人，致以最美好的祝福！』」女售貨員給他出了個主意。

「好極了！給我來一打……」

女人骨子裡都是虛榮的，喜歡聽讚美之詞，即使明知道那些話是假的。

到倫敦需要的時間

一個愛爾蘭人給旅遊公司打電話：「我坐飛機到倫敦需要多久的時間？」接待小姐想算算看飛行的時間，就對他說：「請等一分鐘，先生！」

「非常感謝！」愛爾蘭人滿意地答道並掛斷電話。

大智慧

做任何事情都要有始有終，半途而廢永遠不會事半功倍。

該誰睡不著

半夜了，柯恩還在床上翻來覆去睡不著。老婆問他：

「你怎麼啦！不舒服嗎？」

「唉，」柯思歎道：「我欠街對面的納爾遜三百塊錢，明天就得還清。但我哪有錢呀！恐怕到天亮也睡不著了。」

「就這點小事？」老婆翻身下床，「你看我的。」

她走到窗前，推開窗戶，朝對面大聲喊道：

「納爾遜先生，你到窗口來聽好：我丈夫明天還不了你的錢！」嚷罷，她關上窗戶，對柯恩說：

「行了，你安心睡吧！現在輪到納爾遜睡不著了。」

大智慧

如果煩惱對事情毫無助益的話，還不如乾脆把問題暫且拋開，至少好心情也是個不錯的開始。

當了女主人

卡嘉到理達家裡做客，看見理達正圍著圍裙在廚房裡做飯。

她感到十分奇怪：「怎麼回事，你自己做飯啦？」

「現在我只能自己做飯了。」

「為什麼？你的女傭呢？」

「她結婚了，現在當了女主人啦！」

「是嗎，跟誰結的婚？」

「跟我。」

大智慧

一個人的社會地位是可以透過婚姻來改變的，這點在女性身上會顯得更加的明顯和直接。這是無國界的正常現象。

打錯了

電影院的燈剛熄滅，一個小偷把手伸進了雷加的衣袋，當即被雷加發現了。小偷說：「我想掏手帕，掏錯了，請原諒！」

「沒關係。」雷加平靜地回答。過了一會兒，「啪」的一聲，小偷臉上挨了一記重重的耳光。

「對不起，打錯了，我臉上落了一隻蚊子。」雷加說。

對於惡人，絕對不能遷就和退讓，你越退讓，他們越得寸進尺。

心臟和牙齒

有個人的兒子想學內科。

「你真笨！」父親罵道：「還是去學牙科吧；人只有一顆心，可是牙齒有三十二個顆！」

選擇職業也是一種智慧，有些行業很快就會萎縮，有些行業在相當長的時間內保持興旺。拋開興趣愛好而言，我們是可以透過比較來選擇我們的職業。

毅力

乞丐對胖太太說：「好心的太太，您行行好吧，我已經三天沒吃東西了。」

胖太太說：「啊，我真羨慕你，我要是有你這樣的毅力，早就瘦下來了。」

大智慧

很多時候，那種讓他人為之敬佩的選擇，往往是當事人沒有選擇餘地的「選擇」。

富翁的價值

英國哲學家貝恩斯在泰晤士河上看見一個富翁被人從河裡救了起來。那個冒著生命危險營救富翁的窮人，竟只得到一個銅板的報酬。圍觀的人被這富翁的吝嗇激怒了，要把他再扔到河裡去。

這時，貝恩斯立即上前阻止，說：「放了這位先生吧，他十分瞭解自己的價值。」

大智慧

吝嗇的人不但意識不到別人的價值，也認不清自己的價值，因為對他們來說，有價值的東西永遠是那些得不到的東西，而得到的東西又攥在手裡，毫無價值可言。

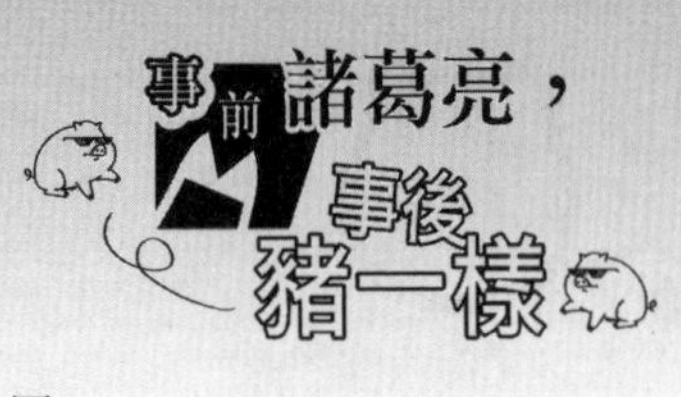

您可以放心了

一個上年紀的乘客下了火車，當他走向出站口時，突然急忙叫住了一個小男孩，忙說：「你趕快幫我去一趟七號車廂，在六號座位上有我的一個皮包在那裡。喏，這是小費。」

男孩跑去了。過了一分鐘，他從已經啟動火車的踏板上跳下來，奔向那個乘客，對他說：

「沒錯，先生。您可以放心了，您的皮包還在原處。」

大智慧

在管理過程中，默契非常重要。可以說，沒有默契，也就沒有團體。你要記住，團體並不是人的組合，而是心的聯結。可見，找一個能夠明白你想要他做什麼的人，這是多麼的重要。

指紋在臉上

警官：「你們兩個人還抓不住一個罪犯，真是飯桶！」

警察：「長官，我們不是飯桶，雖然罪犯跑了，但我們還是想辦法把他的指紋帶回來了。」

警官：「在哪兒？」

警察：「在我們臉上！」

大智慧

自我安慰雖然能得到心理上的平衡。但是，在為自己開脫或辯護的過程中，你也正在失去改正錯誤，努力進取的勇氣。

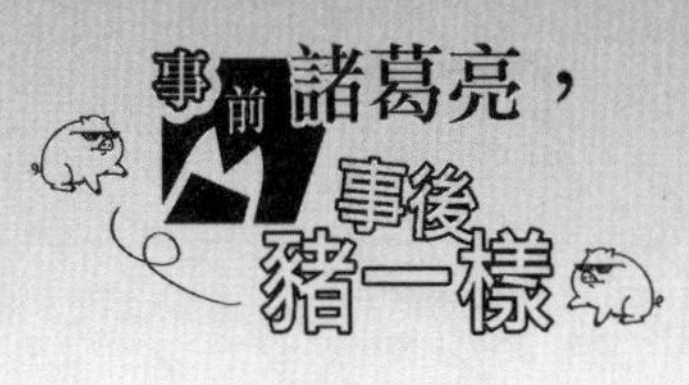

三思而後行

一輛不守交通規則的大卡車上立著一塊大木牌，上面寫著：「本車與他車相撞十七次，其中十五次大勝，一次平手，只有一次失利。諸車在撞我之前要三思而後行！」

在做出任何行動之前，你所要三思的應該是自己，而不是別人。如果每個人都能照顧好自己，這個世界就能相安無事了。

畫鬼最易

有一天，齊王請來一位畫家到宮裡繪畫。

齊王問畫家：「什麼東西最難畫呢？」

「狗最難畫，馬也最難畫。」畫家答道。

齊王又問：「畫什麼最容易呢？」

畫家回答：「畫鬼最容易。」

齊王聽了大笑不止，以為畫家是在說笑話。

畫家解釋說：「狗和馬確實很平常，大家天天看得見，摸得著，難就難在這一點。人們都熟悉狗和馬的樣子，畫狗、畫馬若有一丁點兒不像，馬上就會被人們看出來，必須畫得惟妙惟肖，才能被大家認可，這是很不容易的。而畫鬼就不同了，因為誰也沒有見過鬼的樣子，憑著我的想像、發揮去畫，誰也說

不出來它像不像鬼，所以畫起來就格外容易了。」

大智慧　如果沒有具體的客觀標準，就會容易使人「弄虛作假」和「投機取巧」。

安全帶

空姐向乘客廣播：「各位女士，先生，請扣好安全帶。飛機馬上就要起飛了。」

飛機起飛後，喇叭裡又傳來空姐的聲音。「請將安全帶再扣緊一些。很抱歉，今天的早餐，我們忘記裝上飛機了。」

真正可怕的是，我們忘記了責任！

A卷和B卷

康君在校時喜歡上了後排那位清秀的長髮女孩，卻一直苦於沒有合適的機會表現。一次英語考試，機會來了，英語是女孩的弱項。

考試的時候，康君豪氣萬丈地轉過頭來，數次向女孩展示答案。

在兩位監考教師的監督下，他過於誇張的動作終於引起了他們的注意：「立即退出考場，成績以零分計算。」

「我真不明白，你想讓她看什麼？」直到康君站在教務處主任面前時，仍被一種「英雄救美」的悲壯所感動著。

但主任的下一句話卻使他的英雄氣概跌入谷底，「你是A卷，她是B卷，題目根本不一樣！」

俗話說：「死要面子，活受罪」。一些男人為了顧及自己的顏面，往往在女友面前表現出，男子漢的陽剛之氣和豁然大度來，哪怕內心是那麼的不情願。

請假

一職員已兩天沒上班了，當他第三天來到公司時，老闆抱怨說：「你這兩天幹什麼去了？」

職員答道：「我不小心從三樓窗戶跌到大街上了。」

老闆氣沖沖責問：「從三樓跌下去要兩天嗎？」

大智慧

既然「不小心從三樓窗戶跌到大街上了」不管理由是否荒誕，為何不及時請假呢？

等我們睡著

從前有兩名僕人在當鋪外面巡夜，突然來了一群強盜想破門而入。一名僕人高聲叫道：「你們先回去，過一會兒等我們睡著以後，你們再來。」

大智慧

那些不願承擔和不敢反抗的人，總是選擇閉著眼睛去面對。

瞞歲數

一個六十歲左右富有的單身漢，愛上一個比他年輕得多的女子。他去請教法國的諷刺大師伏爾泰。「我想跟她結婚，但是我怕把真實年齡告訴了她之後，會使她失望，不肯和我結婚。所以我想對她說，我只有五十歲……」「那不行！」伏爾泰回答說，「你應該告訴她，你已經七十歲了。」

大智慧

愛情裡不能容忍謊言，用謊言追求愛情有多大意義？伏爾泰的諷刺直接道出了愛情的本質。

專業對D

經理對老闆說：「吉恩斯這傢伙簡直不可救藥！他整天打瞌睡，我都給他換了三個工作部門了，可他仍然惡習不改。」

「讓他去賣睡衣吧。在他身上掛一塊廣告牌：優質睡衣，當場示範。」老闆說。

大智慧

成語「雞鳴狗盜」，意思指卑下的技能或具有這種技能的人也有他能發揮的地方。對於一個現代企業主管來說，如何知人善用是個問題。

信守合約

一個加布羅沃人在一家銀行的門口擺攤賣煮老玉米，他的老玉米十分新鮮，前來買的主顧很多，因此不久便存了相當可觀一筆財產，他的一個熟人聽到這消息後，專門跑來，想從他那裡借一筆錢去做買賣。

賣老玉米對那個熟人說道：「太對不起了，這事本不成問題，我的朋友。不過當年我開始在這裡設攤的時候，便已跟這家銀行訂下合約：彼此決不作相同的商業競爭。也就是說，銀行不賣煮老玉米，我也決不經營貸款業務，我怎能不信守合約呢？」

以誠為盟，以信謀事。在商業競爭中，「誠信」是雙保險，既可保護對方的利益也可以使自己不受侵害。

取其精華

法國一家出版社的總編，有一天收到一位年輕女小說家的來稿，連同小說原稿寄來的還有一大盒杏仁糖。看完了稿件，總編給她回了一封信：「妳的杏仁糖很可口，我們收下了；可是妳的小說太糟糕，我們不能收。以後只寄杏仁糖就可以了。」

不要試圖用投機取巧的方式去彌補你仍然覺得不夠的方面，很可能這是枉然的，因為你繞開了問題的實質。

都有爺爺

從前，有一個人在樹下賣草帽，不料被樹上的一群猴子把草帽搶去了。這個人急中生智，想到猴子有模仿的習性，就將頭上戴的草帽取下來，扔到地上。果然，樹上的猴子都將草帽紛紛扔了下來。後來，這個人的孫子也來到樹下賣草帽，同樣遭到樹上猴子搶。

孫子想到爺爺的方法，他也將頭上戴的草帽取下來，扔到地上。但是，沒有一隻猴子把帽子從樹上扔下來。孫子無奈地望著樹上的猴子，心裡納悶：「爺爺的這一招怎麼不靈了？」

這時，猴群中有一隻猴子下了樹，對孫子說：「不是只有你才有爺爺。」

循規蹈矩、沒有創新意識的人，會在實際工作中四面楚歌。

接替

美國有一年經濟危機，失業率很高。一個人工作找了很久，也沒找到。一天他在街上閒逛，忽然一個人從建築工地的樓上掉了下來。他急忙跑到工頭那兒問：「那個剛掉下來的人工作我可以接替嗎？」

工頭說：「不行，他的工作已經有人接替了？」

「誰呀？」「就是把他推下來的那個人！」

如此看來，坐等機會不如自己去創造機會，但絕不是以上述的方式。

我也要喝巧克力D味的！

一個白人媽媽給小孩喝母奶，正好旁邊黑人媽媽也在餵奶，白人小孩哭了，媽媽問怎麼了，他說：「我也要喝巧克力口味的！」

生活有很多種方式，也許五光十色，會迷亂我們的雙眼，但是生活的本質是真實而永恆如一的！

判斷

「看得出來，您的房子，一定很狹小吧？」

「是的。您是怎麼知道的？」

「我發現，您家小狗的尾巴總是上下擺，而不左右擺。」

大智慧

「環境決定論」雖有偏頗之處，但我們也沒有必要非把自己置身於逆境中去磨練自己，因為，有誘惑的地方就有風險，有風險的地方就有代價。

新舊之分

一對新婚夫婦剛剛度完蜜月歸來。

他們剛下飛機，新娘就說：「親愛的，讓我們裝得像是結婚很久的老夫妻一樣好嗎？」

「好。」新郎說，「那麼，妳就來提行李吧！」

大智慧

女人對男人的付出與他們的婚齡，總是呈現正比的增長趨勢，這點確實值得每個男人檢討。

剃頭匠

古代有個技藝高超的剃頭匠，一次，他給一位將軍剃頭。為了賣弄他的工夫，他把剃頭刀上綁了一串鈴鐺，然後將剃頭刀高高拋起，隨著一陣鈴鐺聲響，剃頭匠敏捷地接住下落的剃頭刀，順勢剃上一刀。

在整個剃頭的過程中，將軍被嚇得直冒冷汗。好不容易等到剃完了最後一刀，氣急敗壞的將軍二話不說地把剃頭匠綁在樹上，拿起弓箭便往剃頭匠射。只見每枝箭都貼著剃頭匠的頭皮射在樹幹上。自然，剃頭匠也是被嚇得屁滾尿流。

表現技藝有各種方式，雖然越是驚險就越是刺激，但剃頭匠在表現他的技

藝時，卻忽略了一個重要的前提要件，即：不能拿別人的生命開玩笑。同樣技藝高超的將軍，以其人之道還治其人之身，提醒了剃頭匠在賣弄技藝過程中所犯下的無心之過。

不釣大魚的釣客

有一個人在河邊釣魚，他釣了非常多的魚，但每釣上一條魚就拿尺量一量。只要比尺大的魚，他都丟回河裡。

其他釣客不解地問：「別人都希望釣到大魚，為什麼只有你將大魚都丟回河裡呢？」

這人輕鬆地回答：「因為我家的鍋子只有尺這麼長，太大的魚裝不下。」

「夠用就好」也是不錯的生活態度。

出國的理由

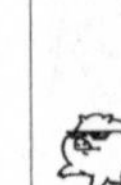

某校決定在資優班裡選派一名同學到美國留學。教務主任請同學們考慮派誰去最合適。有一個學生高興地站起來說：「老師，讓我去最合適。我白天上課就想睡覺，晚上卻老是睡不著。因為台灣白天時美國正好是晚上。」

大智慧

你也許會為自己終於找到了一個，能使自己獲取利益的藉口而沾沾自喜，卻不會發現那些甚至談得上是愚蠢的藉口早已被周圍的人洞察在心。

有力的警告

燈塔管理員訂了一份週報。郵遞員每次給他送報，心裡都很不高興，因為為送這份報紙要划一小時船，太麻煩。

這一天，郵遞員又滿臉不耐煩地把報紙送到燈塔處。燈塔管理員不動聲色地說：「下一次請笑著來，否則我馬上訂一份日報！」

大智慧

如果一個人熱愛自己所從事的工作，他就會在自己的工作過程中感覺到快樂。

蘇格拉底的婚姻觀

柏拉圖有一天問老師蘇格拉底什麼是婚姻，蘇格拉底叫他到杉樹林走一次，要不回頭地走，在途中要取一棵最好、最適合用來當聖誕樹的樹材，但只可以取一次。

柏拉圖充滿信心地出去，過了半天之後，他一身疲憊地拖了一棵看起來直挺、翠綠，卻有點稀疏的杉樹回來。

蘇格拉底問他：「這就是最好的樹材嗎？」

柏拉圖回答老師：「因為只可以取一棵，好不容易看見一棵看似不錯的，又發覺時間、體力已經快不夠用了，也不管是不是最好的，所以就拿回來了……」

這時，蘇格拉底告訴他：「那就是婚姻！」

時光不可以倒轉，因此選擇要慎重，雖然有的時候並不是最好的，但只要是你最滿意的，那就足夠了。

還活著

繈褓中睡熟的小寶寶，有時靜得出奇，我就趕緊用手去摸摸看是否仍有呼吸，先生因此笑我「神經質」。

夜裡睡覺時，先生鼾聲大作使我無法入睡，生起氣來只好擰他一把。

「唉喲！」只聽他笑道：「打鼾有啥不好？讓妳知道我還活著啊！」

大智慧

生活中充滿了各種壓力，但是，如果我們把心靈也推向了緊張和敏感的頂點是不是也活得太累，甚至讓神經過於緊繃呢？放輕鬆一點吧！

沒幹什麼

「去領這週的薪資吧，你被開除了。」

「可是我沒有幹什麼呀？」

「所以你被開除了。」

大智慧

職場的殘酷就在於你的一切辯解都將是它淘汰你的理由。所以面對失業的最好辦法就是保留自信離開，並於下一站的工作中，以行動贏得尊重。

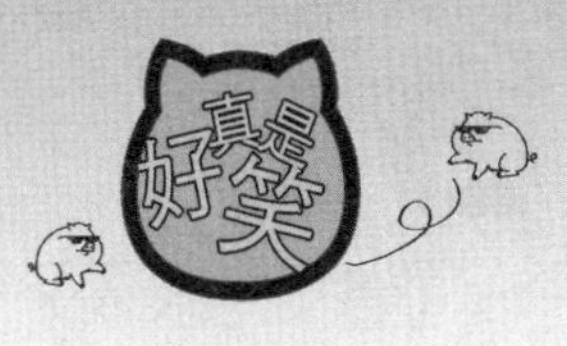

不可能的事情

一個八十歲的老人去做健康檢查。

檢查途中，老人不斷向醫生炫耀，他新婚的妻子有多好。

「我們結婚四個月，你知道她對我有多忠貞?她無時無刻需要我，黏我黏到我都感到厭煩了!」

「而且，」老人又說：「告訴你，她最近還懷孕了!」

醫生靜靜地聽著。不發一語。

「怎樣?」老人得意洋洋地說：「不錯吧!」

醫生抬起頭，看他一眼。

「這讓我想到一位失散多年的朋友。」醫生緩緩開口。

「他跟我說過一個故事，他在非洲狩獵時遇上的故事。當時，他在草原上，遇到一頭獅子。他立刻從背上抓下槍來瞄準。然而，他立刻發現他錯了，他拿到的是雨傘，不是槍。」

「這時已經太遲，獅子正站在他面前，就要撲過來。他沒辦法，只好把雨傘扛上肩，用盡吃奶的力量大叫三聲『砰！砰！砰！』。奇蹟發生了，那獅子竟然倒下來，死掉了。」

「這怎麼可能？」老人大叫，「那一定是別人幹的！」

「我也這麼覺得，」醫生說。

大智慧

對別人的對錯一看就明的「清醒人」卻對自己的對錯一無所知

遇到強盜後

A先生有一個吝嗇的朋友他們正在商店裡購物，突然，有兩個強盜闖進來搶劫，當強盜開始一個個搜查顧客的錢包時，A先生突然覺得他的朋友正在輕輕地碰他並悄悄的說：「拿著這個。」

「別給我手槍，我可不想當英雄。」

「快拿著吧，這是我欠你的二十五元。」

吝嗇之人最捨不得的不僅是錢財，常常還有責任和承擔。

我生病了

有一個女孩子一直暗戀著一位醫生，她為了想見到這位醫生同時引起他的注意，所以每天都去找這位醫生看病。可是，這一個星期以來這個女孩都沒出現，醫生正覺得奇怪時，她終於又出現在醫院門口了。

醫生很好奇地問她為什麼這幾天都沒來？女孩答道：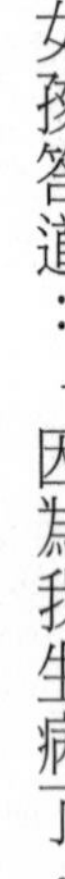「因為我生病了。」

大智慧

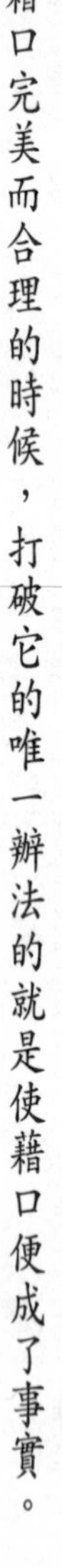

當藉口完美而合理的時候，打破它的唯一辦法的就是使藉口便成了事實。

任由它完美而合理的發生。

童言童語

七歲的女兒對肚臍很好奇，問媽媽肚臍是做什麼用的，媽媽於是把臍帶連著胎兒與母體的道理深入淺出的講了一下，說嬰兒離開母親之後，醫生就把臍帶剪斷並打一個結，成了肚臍。

女兒懂了，可是又有些遺憾地問道：「醫生為什麼不打蝴蝶結？」

女人的夢想永遠是美麗一些，再美麗一些，這種野心在孩子身上也不例外。

孩子的邏輯

老師：「我們學校從下學期起，改用全美語授課。」

甲同學：「我們會聽不懂的。」

老師：「不要擔心聽不懂，學語言就是要多聽，你們每天聽我說美語，時間久了自然就會明白。」

乙同學：「可是我每天聽家裡的小狗叫，也不知道牠在說什麼呀？」

大智慧

生活總有極端、意外、甚至無厘頭。但是，這些不能成為我們逃脫責任的藉口。還是回歸現實，肩負責任，老老實實的努力吧！

喝酒的故事

醫生對一酒鬼說：「喝酒傷肝，你為什麼不自我約束一下？」酒鬼問：「怎麼個約束法？」醫生想了一個辦法：「譬如在酒瓶子上畫一道線，每次不喝超過那道線就行了。」

酒鬼無奈地說：「這個辦法我試過，可是每次沒等到喝過那道線，我就不省人事了。」

凡事都需要有個「標準」，過了「標準」就會出問題。中國古代有個成語叫做「過猶而不及」，正是這個道理。

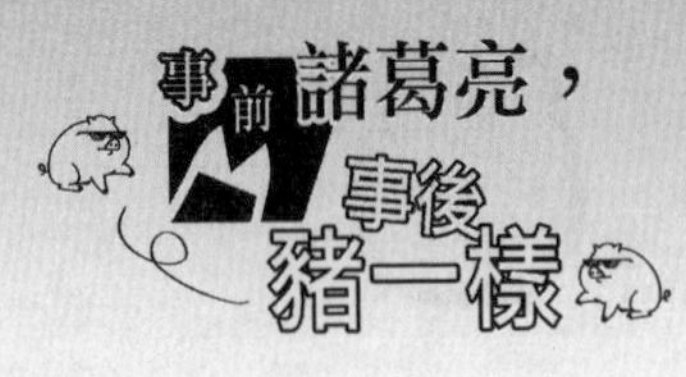

近視的新娘

母親陪同剛度蜜月回來，有深度近視的女兒到眼科掛急診。

醫生笑這位母親太緊張了。因為對於一位正在蜜月中的女性，再怎麼急診也輪不到眼科呀！

這位母親氣急敗壞地說：「誰說不需要眼科急診，跟她回來的那個男人，根本不是先前跟她去度蜜月的那個男人。」

大智慧

心的選擇往往不在於「眼」。當一種選擇足以讓周圍的人為之疑惑的時候，可能正是當事人的心，為之肯定的時候。

公主懷孕了

有一位文學系的教授以為難學生出名。有一天他又交代給學生一個非常令人鬱悶的題目：寫篇作文，內容要包含貴族和愛情。

學生們非常痛苦地構思著，第二天就有一位學生交了作業。教授看到作業以後頓時暈倒，作文只有一句話：「公主懷孕了。」

對這投機的態度，教授自然非常生氣，他叫來這個學生，要他加入科幻元素。

學生當時拿出筆，很高興地在前面加寫了幾個字，現在變成了：「水瓶座的公主懷孕了。」

教授氣急敗壞，要求該學生加入懸疑元素。

學生很高興地又在後面加了一句話，變成了：「水瓶座的公主懷孕了，是誰幹的？」

教授發了狂一樣地暴走數秒，最後他使出殺手鐧，要求學生加入宗教元素。

學生拿著本子很為難地走開，教授得意洋洋地看著自己的勝利，笑了。

第二天，學生很高興地交給教授他的完成稿，教授看完以後暈了過去，文章是這樣的：

「水瓶座的公主懷孕了，Oh, my god!是誰幹的？」

大智慧

創新意識是成功的前提和關鍵，有了創新意識，才能抓住創新機會，啟動創新思維，產生創新方法，獲得創新成果。

懶惰的人

有一個懶惰的人，什麼也不做，日子一久生活都成問題了，鄰居想了一下說：「那你去守墓園，因為沒有比那更輕鬆的了」。

可是沒去多久，他又回來了，生氣對鄰居說：「氣死我了，我不做了」

「為什麼呢？」

「簡直太不公平了，他們都躺著，只有我一個人站著。」

大智慧

懶惰是懶惰者的墓誌銘。對於懶惰的人，總是能為自己的行為找到藉口。

不反抗

「您說您遇到了三個歹徒，他們毒打您，撕破了您的衣服、搶走了您的錢包。為什麼您當時不反抗呢？」

「我不想跟他們一般見識……」

大智慧

人的寬容應該有其道德和法律的限度，一味地妥協會讓人覺得是有意地縱容他人，或是出於自身的懦弱。

腿與蛋

農場中有一隻豬與一隻母雞在談論如何做善事。豬說：「我希望能想出一個方法來幫助那些沒有飯吃的窮人。」

雞說：「我們來合作，可以做一個火腿蛋來給他們吃。」

豬搖頭說：「你說得倒容易。你只是貢獻一個副產品，而我卻要缺一條腿。」

大智慧

說說好話是容易的，付出點無關痛癢的小代價也不難。但是生活不是小孩子玩辦家家酒，它成熟而睿智最看中真正務實努力的厚重。

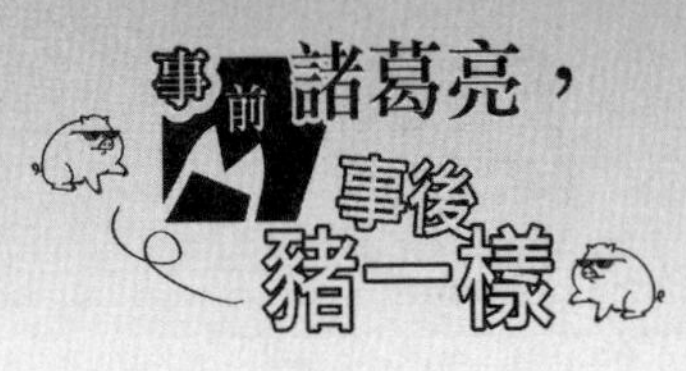

就我沒說話

一座古廟住著三個和尚，一老兩小。

一天，三個和尚坐著念經。按佛門規定：念經要閉目，只許默念經文，不許說話，以示虔誠。有個和尚實在悶得受不了，便偷偷睜開眼睛。突然看到天氣變陰暗了，便不由自主地說：「噢，要下雨了！」另一個小和尚推他一把：「不許說話。」這時，老和尚哈哈大笑，得意地說「還是你們的道行淺呀！看，就我沒說話。」

托爾斯泰說：「幸福的家庭總是相似的，而不幸家庭的不幸卻各有不同。」

想來最高的境界應該只有一種吧！所以就難怪有如此之多無境界之境界。

示範

在實彈射擊訓練中，有個士兵連發幾槍都脫了靶。教官怒氣衝衝地奪過士兵的槍，聲色俱厲地說：「笨蛋！你瞧我的。」

他瞄準射擊，但子彈飛到了靶外。他又怒氣洶洶地轉身向士兵吼道「瞧，你就是這樣射擊的！」

大智慧

我們應當「寬以待人，嚴於律己」，那些對別人嚴格對自己寬容的人是不會有進步的空間，他們只會對別人吹鬍子瞪眼睛，卻不知道自己也是一樣。

怨氣難消

法官望著被告說：「我是不是曾經見過你，你好像有些眼熟。」

被告滿懷希望地說：「是的！法官，您忘啦？二十一年前，是我介紹尊夫人跟您認識的。」

法官咬牙切齒地說：「判你二十年有期徒刑。」

大智慧

一味地牢記仇恨是不是心胸太狹隘了呢？為什麼不敞開心胸，相信一定會更豁然開朗！

國王與評論家

有位國王喜愛畫畫。他以為他的畫畫得不錯，於是，他把作品都拿給手下的人看。這些人一概奉承他。

一天，國王找來一位著名的大畫家，畫家看了國王的畫，對國王說：「要我評論您的畫未嘗不可，不過得先把我送進牢房。」

國王的新衣在現實的生活中上演鐵定不是只有一兩幕，並不是每個人都會有勇氣為說出真相付出代價。

失竊以後

富蘭克林・羅斯福曾任美國第三十二任總統有一天家裡遭小偷，被偷去很多東西。他的朋友寫信安慰他。羅斯福也給朋友回了一封信：

「親愛的朋友，謝謝你來信安慰我，我現在很平安，感謝上帝。因為：第一，賊偷去的不是我的生命；第二，賊只偷去我部分東西，而不是全部；第三，最值得慶幸的是，做賊的是他，而不是我。」

重要的不是情況糟糕不糟糕，而是你的心態和看事物的角度是好或不好。

有時學點阿Q精神，就會海闊天空。

見仁見智

有一位教授寫了一句話讓學生們點上標點符號，這句話是：「女人如果沒有了男人就恐慌了。」

結果，女生的答案是：「女人如果沒有了，男人就恐慌了！」而男生的答案是：「女人如果沒有了男人，就恐慌了！」

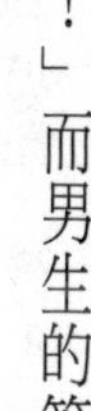

男人離不開女人，女人也離不開男人，沒有誰比誰更優越。

沒有女人緣

有一男子，總認為自己非常沒有女人緣，於是就去教堂祈禱：「請上帝賜我一群女人在我身邊服侍我。」可是非常不幸，他剛剛走出教堂，就被一輛車撞倒住進了醫院。

躺在病床上的他心想：「上帝怎麼這麼不公平……」正想到這兒，護理長突然帶著二十名漂亮的實習生走到他的病床前，並對她們說：「這名患者因交通事故無法動彈，妳們首先要教他如何使用便盆。」

大智慧

與健康比較起來，其他的都微不足道，但我們總是抱怨得到的太少。幸福，是需要健康的身體去享受的。

飛機

記者到了一個偏僻的鄉村採訪，他望著村外彎彎曲曲的小路，問一位老農：「這地方汽車沒來過吧？」

老農一聽不滿地說：「哪裡的話？這裡連飛機都來過哩！」老農邊說邊朝天空比劃著，「來來往往多少回了，就是沒下來過。」

不要嘲弄別人，「三人行必有我師焉」，勿以為別人才疏學淺見識短，就瞧不起別人，這樣的人往往是一個沒有修養的人。

不必緊張

小明洗澡時不小心吞下一小塊肥皂，他的媽媽慌慌張張地打電話向家庭醫生求助。

醫生說：「我現在還有幾個病人在，可能要半小時後才能趕過去。」

小明媽媽說：「在你來前，我該做什麼？」

醫生說：「給小明喝一杯白開水，然後用力跳一跳，你就可以讓小明用嘴巴吹泡泡消磨時間了。」

放輕鬆些，生活何必太緊張？事情既然已經發生了，何不坦然自在地面對。

擔心不如寬心，窮緊張不如窮開心。

細心的人

兩個朋友一起去旅行。到了晚上，他們來到一家旅館。他們累極了，馬上就上床睡覺。可是其中一個又起床，把鞋穿在腳上，然後躺下。

他的朋友十分詫異，問道：「你怎麼穿著鞋睡覺？」

「我是個細心的人。」他答道：「我有一回做了個夢，夢見我踩在碎玻璃上，痛極了。於是，我就不再赤腳睡覺了。」

大智慧

如果連夢中的疼痛都要設法避免，我們實在無法想像現實中的人還能還敢去做些什麼？

作偽證的結果

有一個在被掏空的公司當祕書的女子出庭作證。

法官嚴厲地問：「你知道作偽證會得到什麼結果嗎？」

「知道，老闆說給二百萬和一件貂皮大衣。」

大智慧

當一個人面臨誘惑時，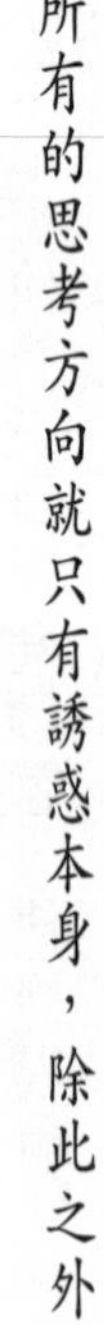他所有的思考方向就只有誘惑本身，除此之外，均不在思索範圍之內。

勇氣

美、英、德的三位海軍上將正在熱烈的討論什麼是真正的勇氣。

美國人和德國人談完以後，英軍上將最後發表見解。他叫來一個海軍新兵，板著臉說：「聽著，我命令你爬上三百米高的旗杆，行三次禮，然後從上面跳下來。」

「什麼？你瘋了！」

新兵憤怒地盯著上將，大聲咆哮：「你讓我找死嗎？還是你出了什麼問題？」

「瞧，先生們！」那英軍上將得意地說：「對我們這些司令官來說，這才是真正的勇氣！」

大智慧

堅持正確的觀點不僅僅需要頭腦，更是需要勇氣。

說謊的員工

老闆十分憤怒地對新來的一個職員吼道：「你不但遲到，而且還編造理由。你知道，老闆們是怎樣對待說謊的職員的嗎？」

職員不慌不忙地說：「知道，立即派他去當產品推銷員。」

大智慧

人盡其才，物盡其用，獨具慧眼、瞭解員工的長處並讓其在適宜的崗位上大展身手，為其創造良好的發展空間，並使其快樂工作，這其實是為自己鋪獲利之路。

貪杯

一個人戀席貪杯，到人家家裡作客，許久不肯離去。他的僕人想要讓他快點離開，看到天陰了，便說：「天要下雨了。」

那人說：「要下雨了，怎能回去？」

過了一會兒果然下了雨。

許久，雨停了，僕人又說：「雨停了。」

那人又說：「雨停了，還怕什麼？」

大智慧

有些人總是喜歡為他的所做所為找到開脫的理由，所謂「謀事在人」。儘管有時候是自欺欺人。

心理作戰

鬧市中一家婦女用品商店門口，堆了一大堆散亂的貨品，女顧客翻來翻去，如獲至寶地找出她們需用的物品。

有人問老闆，何不把商品堆疊整齊。老闆回答：「你以為我瘋了？如果我把店面用品都弄整齊，那些娘兒們就不會對這些用品產生興趣了。」

大智慧

人對未知領域的關注度比已知領域要高得多，提供讓人主動探求的環境比安排供人享受的便利更能獲得商機。

不認自己

里克剛剛由上尉晉升為少校，他急忙換上新制服，對著穿衣鏡照來照去，洋洋自得地問自己的妻子：「妳看看鏡子裡是誰？」

妻子說：「難道你連自己都不認得了嗎？」

謙虛是做人的美德之一，不能因為一點點的進步就沾沾自喜，也不能因為一點點的成績就洋洋自得，要時時刻刻注意保持謙虛謹慎的作風。

別出心裁的廣告

英國著名小說家毛姆雪成名之前，生活非常貧困。雖然寫了一部很有價值的書稿，但出版後無人問津。為了引起人們的注意，毛姆別出心裁地在各大報刊上登了如下的徵婚啟事：「本人喜歡音樂和運動，是個年輕又有教養的百萬富翁。希望能和毛姆小說中的主角完全一樣的女性結婚。」

幾天之後，全倫敦的書店，都再也買不到毛姆的書了。

為一個東西做宣傳未必一定要以這個東西為主角，有時候需要「明修棧道，暗渡陳倉」

照顧有限

一位英國紳士與一位法國女士同在一個火車包廂。法國女人想引誘這個英國紳士，於是她脫下衣服躺下之後就開始抱怨太冷，英國先生把自己的被子給了她，但這個女人仍不停地說冷。

「我還能幫妳什麼呢？」沮喪的英國紳士問。

「我小的時候，媽媽總是用自己的身體幫我取暖。」法國女人說。

「請原諒，女士，我可不想在半夜跳下火車去找妳媽媽。」英國紳士道。

一個稟性正直的人任何時候都會從關心別人的角度出發，一個心懷不軌的人則任何時候都想從對方身上得到便宜。

忍耐十五分鐘

林肯的妻子瑪麗當了總統夫人之後，脾氣愈來愈暴躁。她不但隨意揮霍，還常對人大發脾氣，一會兒責罵做衣服的裁縫收款太多，一會兒又痛斥肉舖、雜貨店的東西太貴。有位吃夠了瑪麗苦頭的商人找林肯訴苦。

林肯雙手抱肩，苦笑著認真聽完商人的訴說，最後無可奈何地對商人說：「先生，我已經被她折磨了十五年，你忍耐十五分鐘不就完了嗎？」

人的感知是有範圍的，而且是有比較的。有時候，給一個巨大的參照系，然後再樹立一個小小的請求，這樣的博弈總是能讓吃虧者覺得占了巨大的便宜。這就是為什麼商家在打一折之前大幅度提高商品價格的原因了。

終於兌現了

一次，好友馬奧尼與蕭伯納夫婦談了許多問題，當他們談到名人的愛情糾葛時，馬奧尼問蕭伯納夫人：「您是怎樣與您丈夫那些眾多的女性愛慕者和平共處的？」

蕭伯納夫人沒有直接回答，而是講了一則軼事。她說：「在我們結婚後不久，有一位女演員拼命追求我丈夫，她威脅說，假如見不到他，她就要自殺，她就會心碎……」

「那麼，她有沒有心碎而死？」

「確實如此，她死於心臟病。」蕭伯納打斷了談話插進來說，「不過那是在五十年以後了。」

大智慧

追求名利和虛榮的人，從來不會真正為愛情犧牲任何自我，即使他們說的時候信誓旦旦。

如此湊巧

有位父親每天晚飯後總習慣坐在沙發上看報紙，四歲的小鈴很迷惑地問：「爸爸，好奇怪，為什麼每天發生的新聞都剛好填滿一張報紙呢？」

大智慧

我們的心靈不也是一張白紙嗎？面對多如牛毛的資訊和紛擾，是不是也應該有所選擇，淨化心靈，因為簡單就是寧靜！

行業競爭

某女打算考律師執照，每天捧著一大堆法律書籍埋頭苦讀。

這情景被一男同事看見了，道：「妳一個女孩子這麼的努力這麼的辛苦幹嗎？等我將來有了女兒，就教她如何釣金龜婿，在家做個貴婦！」

女子抬起頭，白了男同事一眼，說：「笨！趁早覺悟吧！你根本不知道那行業的競爭有多激烈。」

大智慧

女人，妳既然喜歡金錢，喜歡過富裕的生活，穿名牌的衣服，擦最新流行的口紅，為什麼不透過自己的努力去實現呢？為什麼總盤算著男人的口袋，是不是有點缺乏自信還有自尊？

謝謝您購買 事前諸葛亮，事後豬一樣：真是好笑 這本書！

即日起，詳細填寫本卡各欄，對折免貼郵票寄回，我們每月將抽出一百名回函讀者寄出精美禮物，並享有生日當月購書優惠！

想知道更多更即時的消息，歡迎加入"永續圖書粉絲團"

您也可以利用以下傳真或是掃描圖檔寄回本公司信箱，謝謝。

傳真電話：（02）8647-3660　　信箱：yungjiuh@ms45.hinet.net

☺ 姓名：＿＿＿＿＿＿＿　□男　□女　□單身　□已婚

☺ 生日：＿＿＿＿＿＿＿　□非會員　□已是會員

☺ E-Mail：＿＿＿＿＿＿＿　電話：（　）＿＿＿＿

☺ 地址：

☺ 學歷：□高中及以下　□專科或大學　□研究所以上　□其他＿＿＿＿

☺ 職業：□學生　□資訊　□製造　□行銷　□服務　□金融
□傳播　□公教　□軍警　□自由　□家管　□其他＿＿＿＿

☺ 您購買此書的原因：□書名　□作者　□內容　□封面　□其他＿＿＿＿

☺ 您購買此書地點：＿＿＿＿＿＿＿　金額：＿＿＿＿

☺ 建議改進：□內容　□封面　□版面設計　□其他＿＿＿＿

您的建議：

廣告回信
基隆郵局登記證
基隆廣字第57號

新北市汐止區大同路三段一九四號九樓之一

大拓文化事業有限公司收

請沿此虛線對折免貼郵票，以膠帶黏貼後寄回，謝謝！

事前諸葛亮，事後豬一樣：真是好笑